「子ども」が「人」に育つには

東浦一裕

幻冬舎ルネッサンス新書
230

和多田《わただ》 尚司《たかし》 書

『克己心』

『己』の邪念に
向かい
『克』とうとする『心』
そんな心を
持ち続けようとする自分
そこには
自分との闘いがあり
自分の躍動した姿がある。
時には邪念に打ち破れ
自らが惨めになろうとも
また『克己心』を持って
立ち向かう
そんな自分が好きでありたい。

一裕

「克己心」は私の「座右の銘」です。短い言葉で私なりにその意味を表現しました。

上の写真の「書」は現在、兵庫県豊岡市日高町に在住の和多田尚司さんに書いていただいたものです。尚司さんは1999年27歳の時に突然脳内出血で倒れられ、10時間におよぶ緊急手術のもと、何とか命は取り留めたものの右半身に障害が残りました。今では利き手でない左手に筆を持ち、多くの方を感動させ、元気づけるような力強い書を書かれています。

はじめに

タイトルを見て『「子ども」は「人」ではないのか』と疑問に思われた方もいらっしゃるかも知れませんが、当然のごとく『「子ども」は「人」ではない』と説くつもりはまったくありません。ただ私は、元来「人」という生き物には世の中に素晴らしいものを生み出す力が宿っていると感じています。そんな思いを持ち続けながら長年教師（教育者）として「子ども」に関わってきました。そして今回、教師（教育者）の仕事は「子ども」が「人」へと育つ環境を整え、寄り添い、見守り、励ますことではないかと考えたのです。

今、「子ども」を「人」に育てる環境は、さまざまな意味で混沌とし、現場で働く教育者たちの多くは、その進むべき道を見つける気力さえ失いかけているのかもしれません。

今、私は教育者（中学校教師）としての三十七年あまりを終えようとしていますが、そんな教育現場を見ながら、これからの「子どもに関わる教育」がどのように変化、進化していくのだろうかと、現場から身を引く立場にありながら、毎日を悶々とした気持ちで過ごしています。

この本は、私がそれを真剣に考えたところで、身近な現場でさえ何も変えることができないのを百も承知しながら、それでもなお、今、この瞬間に何か伝えられるものはないだろうかと厚かましくもペンを走らせて書き上げたものです。

私の三十七年あまりの教育者生活を振り返ってみるに、今でもそのさまざまなドラマティックなシーンが鮮明に蘇ってきます。

教師になって十年ほど経った頃、いわゆる「荒れた学校」に赴任し、学校全体の生徒指導を任され、毎日のように暴力・傷害、喫煙、盗難、授業妨害・エスケープといった指導に追われながら、自分でも何をしたらいいのか、何をしているのか、まったくわからない日々を送っていた時期。

この学校の卒業式で十数名の生徒が派手な制服を身にまとい、登校してきたのを見て、全員私のワゴン車に押し込んで、一人一人家に連れて帰り、着替えさせてから、数十分遅れの卒業式が挙行されたシーン。

この頃の生徒たちはまだこちらが親身に向き合えばそれに応えてくれていた時代でした。

しかし、それから何年経ったでしょうか。その荒れようは年々悪化をたどり、陰湿さも増していきました。もう、学校だけではとても太刀打ちできないとなって１１０番してもらったことも数回ありました。

またあるときは、何の不満がたまっているのかわからず、暴れようとしている生徒に、なぜかこちらから「タイマン（一騎討ち）」の申し出。今でも何を思って言った言葉なのか、とにかくこちらも正気の沙汰ではありませんでした。その後、約1時間。時に首を絞められ、息苦しくて死にそうになりながらも結局、決着つかずでしたが、その後の彼はなぜか落ち着きを取り戻していきました。

自分の担任したクラスで「学級崩壊」も経験しました。軽はずみな「子ども」への一言で大きくその「子ども」の心に傷を負わせたこともありました。

しかし、そんなことばかりが続く毎日だったらおそらく今頃、この仕事は続けていなかっただろうと思います。

中学3年生の3学期。それまでさんざん先生方に迷惑をかけ、勉強をしていなかった「子ども」が、

「受験勉強するから先生、教えてぇやぁ」

と言ったその日から毎晩、他の同じような「子ども」数名とともに卒業までその子の家で勉強したことや、不登校で学校に通えなかった「子ども」が、誰もいなくなった放課後に卓球をしに来て、毎日一緒にやっているうちに登校できるようになったこともありました。

放課後の部活動指導をしている競技の全国中学校総合体育大会で、個人競技の優勝が決まったシーンは格別でした。

それ以外にも、自らの取り組んできたことが成果となって、想像以上に「子ども」たちとみんなで感動し、歓声を上げ、涙した今となっては、数え切れないぐらいのさまざまな「教育者」ならではのシーンに出会ってきました。

しかし、そんな過去のシーンを振り返ってみたとき、ふとこんなことも感じるようになってきたのです。それは、「教育」の世界には、時代の変化とともに変えていかなければいけない部分と、いつの時代でも普遍的に息づいていくもの、とがあるのではないかということです。

この三十七年あまりの間、前述したように数多くの失敗や、時には間違った指導をしたことも今となっては大きな反省材料です。しかし、そんなことがあったからこそ、今の私があると素直に感じています。

そんな私が今、心配することは、「子どもの教育」が今後どこを向いて進んでいくのだろうかということです。今のままで進んでいけば決して順風満帆とはいかないように感じています。

この本を出版しようと一念発起したきっかけは、これからの「子ども」の教育に関わったり、興味を持って見守っていただくみなな様に、私の経験や考えのなかから、教育にとって「普遍的なものは何か」ということを提示し、そのなかで一つでもその指導のきっかけやヒントになれば幸いだと、このような形でまとめることにしました。

ここに書き上げたことはすべて、私自身が体験し、自らが感じて実行したことばかりです。そのときの「子ども」とのさまざまな状況のなかで、すべての方に共通したものではないかもしれませんが、きっと共感していただける部分があると確信しています。

ただ、一般的によく見かける「教育指導の仕方」的な内容はほとんどありません。それは、私自身が三十七年あまりこの仕事に従事してきて、そのなかでまったく同じ支援をしたことがなかったからです。つまり、そこで支援の基本となったのは「ハウトゥー」ではなくて、私自身の「子ども」に対する感性だったのです。

この本はそんな「子ども」に対する感性を磨く内容を中心に書き上げたつもりです。この本に興味を持っていただけた方ならきっと心に響くものを感じていただけると思います。

私の職業としての「教師」という言葉はあえて使わず、「子ども」を育てる多くの関係者のみな様にできるだけ幅広く読んでいただきたいと思い、あえて「教育者」という言葉を使いました。

また、「子ども」「人」「教育者」といった強調したい言葉はあえて括弧書きをしています。

この本が、少しでも多くのみな様の目に留まり、読んでいただくことで一人でも多くの「子ども」が「人」へと成長してくれることを心から願っています。

「子ども」が「人」に育つには

目次

第一章　「教育的な定義」

一　「寄り添う」とは

「寄り添う」という行動は「子ども」を教育する上でかかせない手段ですが、その本来の捉え方を誤っている教育者をよく見かけます。

例えば、その「子ども」の近くにいるだけで「寄り添っている」とか、「子ども」の話を聞いただけで「寄り添った」と勘違いしているパターンです。私は本来「寄り添う」という崇高な教育方法を、このように薄っぺらい思いや行動だけで実行している教育者がとても気になります。

「寄り添う」とは何か。それは態度的にも心情的にも教育者側から「子ども」に近づいたときに、自然と相手からも近づいてくる様子や感覚があることで、これはあくまでも自然にそうなることです。無理にとか強制的にではなく自然とそういう様子が感じ取れて初めて「寄り添った」といえるのではないでしょうか。

だから「寄り添う」というのは本来、大変難しく容易にできることではない崇高な教育法なのです。ただ、この教育法をいったん身につけると、その教育者の教育は飛躍的に効果を発揮するはずで、教育者としては何としてでも身につけてほしい教育方法です。

私が「寄り添うことができるようになったかなぁ」と思い始めたのは四十代前半のときだったでしょうか。それまで、とにかく「子ども」にこちらの言うことを聞かせて、「子ども」が言うことを聞いている間は寄り添った教育ができていると勘違いをしていました。

しかし、あるときその勘違いに気づかされることが起こったのです。

それは、こちらの言うことをよく聞いているとばっかり思っていた「子ども」に、ある日突然、真っ向から否定されたのです。

私の目の前で声を大にして「あなたにはついて行けない」と私の教育を100パーセント否定されました。私は頭が真っ白になり、何が起こったのかしばらくその状況を理解することができませんでした。

しかし、私がその現実を突きつけられたとき、ふと「今までやってきたことは何だったのだろう」と振り返ることができたのです。そのとき初めて、「子ども」に対して謙虚になれたのかもしれません。

それ以来、私は「子ども」の心を理解し、本当に「寄り添う」とはどうすればいいかを考えるようになりました。最初はそれまでの教育スタイルからなかなか抜けきれず、ずいぶんと苦労もしましたが、少しずつ余裕を持って「子ども」と接することができるようになってきたのです。そして、それまでは毎日何回も大きな声を上げて指導していたのが徐々にその回数が減り、今では大きな声で指導することは年に数回しかありません。

しかし、何度も言いますが「寄り添う」ということはそう簡単ではありません。今でも「寄り添えているかなぁ」と思える「子ども」はほんの数名だけです。ただ、教育を必要とする「子ども」ほど、この「寄り添う」教育が大切であり、逆説的に言うとそういう「子ども」は寄り添えない限りは教育できないとも思います。

「子どもに寄り添う」ことができる教育者がもっと現場で増えて、本当に教育を必要とする「子ども」がきちんと育てられるようこれからの教育者には大いに期待したいと思います。

寄り添える度合いは、相手の心をどこまで深く正しく理解できるかで決まる

二　職人的指導と教育的指導

「教育者」と言われる人たちは大きく分けると二つのタイプに分かれるような気がします。一つは「職人的な指導」の割合が多いタイプ。もう一つは「教育的な指導」の割合が多いタイプです。

「職人的な指導」は「職人的」ですから、①材料にこだわりがある、②一流の技法でつくり上げる、③結果がすべて、といったところでしょうか。

もう一つの「教育的な指導」は、①材料は与えられたもので、②決して一流の技法ばかりではない、③結果よりも過程、となります。

私は「子どもの教育者」である以上は教育的指導の割合が多くなければいけないと思っています。

確かに結果は大事です。世間にその教育の良し悪しを認めてもらうのも結果という絶対的価値で示すほうが説得力があります。しかし、教育的指導はその教育の中身がなかなか外からは見えません。したがって、いくら苦労をしてもなかなか世間で認めてもらえないというジレンマがあります。

ただし、「子どもの教育者」というのは、何か形ある商品をつくるわけでもないし、具体的に示せるような物を提供できるものでもありません。ですから、もともと他からの評価をしてもらいにくいものだといえます。

なかには、「子どもの教育者」の仕事が周りから見えにくいのをいいことに、知らず知らずのうちに失敗を恐れたり、しんどいことや面倒なことをしないで無難に過ごそうとする教育者がいるかもしれません。それでは「やりがい」や「生きがい」がなくなってしまいます。

では、どうすれば「生きがい」や「やりがい」を持って「子どもの教育者」という仕事ができるのでしょうか。

私の経験上からは、あらゆる場面で「どうすればより良い教育ができるのか」を考え続け、地道な取り組みをしていくしかありません。

もちろん簡単ではないし、職人的指導の割合を高めた頂点を極めるような素晴らしい結果は出ないかもしれませんが、ある日「子どもが感動する姿」に出会うときが必ずやってきます。そんな「子ども」が大きく成長した姿に出会ったとき、「この仕事を続けて良かった」と心の底から思えるのです。

みな様が、どういうタイプの教育を心がけていくかは一人一人の自由です。大切なことは「子どもがどう育ったか」ということをしっかり見届け、「子ども」を「人」へと育てていく素晴らしい喜びを感じることです。

結果より経過を重視する「教育的指導」を見極めよ！

三　心の対話教育

一般的に、「教育」の方法としては「直接的対話教育」がほとんどかと思いますが、私はそれだけでは「子ども」の本質的な教育にはつながらないと考えています。「直接的な対話」にプラスして「心の対話」ができて、初めて「子ども」にとってより良い教育となっていくのではないでしょうか。

ならば、「心の対話教育」とは何か？

私は「直接的対話教育」の言葉の裏にある「子ども」の想いや感情、意識の高低、心の活性度といったものを、そのときの表情や言葉のトーン、しゃべり方などで感じ取ることだと思っています。

例えば、「ありがとうございます」という言葉を「子ども」が発したとき、その言葉の裏にその「子ども」にはどういう想いがあるのか、「今までにない感謝の気持ち」を表したありがとうございますなのか、「ここは無難にありがとうございますと言っといたほうがいい」ありがとうございますなのか、はたまた「もっと違った」ありがとうございますなのか。同じ「ありがとうございます」でもさまざまなとらえ方ができます。

もし、笑顔で「ありがとうございます」と言われて、「何と感謝の気持ちが素直に表現できる子どもなんだろう」と思ったときがあったとして、その子どもが違う場面で感謝できていない行動があったとしたら、あなたはどちらの場面でその子どもを評価するでしょうか?

私は両方だと思うのです。私たちは笑顔で言う「ありがとうございます」はイコール「感謝のできる子」と思いがちなのですが、必ずしもそうではないということです。また、感謝できない場面を見たからと言って、この子は感謝できない子だということでもないのです。

こんなとき、教育者が大切にしなければいけないことは、そのときそのときの子どもの状況をできるだけしっかりと捉え、子どもと対話をしてその心を正確に捉えながら、適切なアドバイスをどう示せるかだと思います。

「心の対話」ができる教育者をぜひ目指してほしいと思います。

「心の対話」は感性の交流。感性のすり合わせを追求せよ!

四 教育者は教育哲学を持て!

「哲学」というと「何か堅苦しい」とか「別世界の考え」と思う教育者が多いかもしれませんが、私は「人」を教育する以上、ある程度そういうものはなければいけないと感じています。いわゆる「優柔不断」や「ぶれる」教育は子どもとの間で「不信感」を招きかねないからです。

当然「間違った哲学」は、それはそれで子どものためにはなりません。しかし、ある程度慎重にそして謙虚な気持ちで考えれば、そう間違ったことにはならないはずです。

また、「哲学的に考える」というと理屈をいっぱい並べたくなるときもあります。しかし、そんなときこそもう一度謙虚に自らを見直してみてください。

そして大切なことは、実際子どもに教育してみて、子どもの反応をよ～く観察してみてください。あなたの考えるその「哲学的な教育」が間違っていなければ、子どもの新たに成長した一面が見られるはずです。もし見られなければ、もう一度その「哲学」を考え直してみましょう。

そういうことを繰り返しているうちに、自分の教育方針を哲学的に捉えられるようになり、「子ども」の教育の場面でその「哲学」を持ってさまざまな教育ができるようになってきます。

やがてそれが自分の教育方針の根幹となり、「優柔不断でない」「ぶれない」教育につながっていくのです。

ぜひ一度、「自分の教育の根幹は何なんだろう」と自分に問いかけて、そこから哲学的な教育を考えてその幹を太くしていってください。みな様が自分に自信をもてた姿に出会えることを楽しみにしています。

教育哲学は教育者の生き様をあらわす。格好良い哲学を目指せ！

五　教育は「性善説」が基本

私は、教育は「性善説が基本」だと思っています。最初から「子どもを疑ってかかる」のはどうもしんどいです。

子どもを信用して裏切られるのもしんどいですが、性善説には「一時でも子どもに何らかの期待が持てる」という楽しみがあります。また、性善説で子どもを捉えたほうが子どもを見誤らなくてすむことが圧倒的に多いのです。

長期にわたって子どもを教育している教育者でも「思い込み」や「勘違い」で子どもの本来の姿を見誤ることは少なくはありません。しょせん他人が「人」を見る目は、教育者といえどもそんなものだと思っています。

だから、まずは「子どもを認める」ことから始めてはどうでしょうか。子どもを認めて教育の道筋を考えていると、途中で間違いに気づいても修正可能ですが、性悪説で捉えている場合は取り返しがつかない過ちを犯すことにもなりかねません。

「どうせあの子はこんな子だ」

「あの子のここがだめだから結果が出ないのは当たり前だ」

教育者仲間でよく聞くフレーズです。

「あの子のここを何とかしたいなぁ」

「ここが良くなったらきっと結果が出るはずなんだけど」

と、ちょっとした捉えかたの違いで、子どもの見方は大きく変わってきます。子どもの見方が変われば、当然教育の仕方も変わってきます。

どうですか、一度「性善説」で子どもを見るようにして自らの教育方法を見直してみませんか。

「子ども」を性善説で見られないとき、その「子ども」は本当に幸せか？

六　「教育」はいぶし銀が似つかわしい

「教育」というものを「色」に例えるとしたら、一般的には「神々しく放たれる光」というようなイメージが理想かもしれませんが、私は「いぶし銀」だと思っています。

見た目、そんなに派手でもない。しかし、中身のある高い価値をきちんと示している。「教育」とはそういうものではないでしょうか。

しかし、「人」は苦労すればするほどその結果を求めようとします。「これだけやってきたのだからその光は神々しくありたい」と。だけど、よくよく考えてみれば最初からそんな光が放てるような素晴らしい教育はせいぜい１００回に１、２回です。

それ以外の90回以上の教育は、最初から日の目を見ることはありません。しかし、大切なのは、なかなか日の目は見ないことでも、苦労と時間をかけて誠心誠意そこを磨くことです。そうすると、そのなかから少しずつ渋い銀色が顔をのぞかせるのです。そして、この銀色はそれ以上磨きを加えても神々しい光を放つことはありません。「教育」とはそういうものだと思います。

「教育者として日の目を見ない努力は無駄だ」という人もあるかもしれません。しかし、教育の世界において「日の目を見る」「結果を出す」というのは何を指すのでしょうか。少なくとも、教育者が自分で光りたがったり、自分の教育を光り輝いているようにアピールすることが「神々しく輝く教育だ」と考えるのは間違っています。「教育」は少しずつ少しずつ、その成果から渋い銀色を放ちながら、曇っている部分をまた磨き続けていく、そんな仕事だと思います。

自分の教育のいぶし銀を磨け！　やがて奥からさらに深い輝きが現れる

七　毎日の教育は「プチ道徳」の繰り返しだ！

「道徳」という授業がにわかに脚光を浴び、中学校では「評価をする教科」としてその取り組みが本格化しつつあります。確かに「塾」では教えてもらわない教科なので「学校教育」としてはとても大切なものだと思います。

しかし、私は道徳的なことは、すでに日々の「子ども」への教育のなかで、そのエキスを織り交ぜながらいつも伝えているものだとも思っています。

日々、「子ども」と生活をしているとさまざまな場面でさまざまな教育を要する場面に出くわします。そんなとき、その教育の基本となるのは教育者側の「道徳心」なのです。日頃からこれを磨いておけば、そのときどきの教育がスムーズに進みます。

しかし、「道徳」は「道徳」の授業のなかだけで、と捉えているとすれば日頃のその場での教育を誤る可能性は高まってきます。なぜなら、「道徳」はその授業のときだけで考えるのではなく、教育者自らがその心を育てるべく日々精進しなければならないからです。

ちなみに、私は休みの日などで時間があるとき、人通りの多い場所へ出かけて人間ウォッチングをするのが楽しみです。通りすがる人の表情や態度、声の大きさ、服装、歩き方、誰といるかなど、見かけだけの情報でいろいろな想像を膨らませるのです。

スマホを耳に当て、楽しそうに歩いて行く若い女性を見ると、「相手は彼氏か親しい友人だろうな。だけどこの表情からにじみ出るような笑顔はやっぱり相手は彼氏だなぁ」とか、お互い距離を置いて歩いて行く若い男女を見ると「何かケンカでもしたのかなぁ、それともこれからのことで何か不安でもあるのかなぁ」とこちら側の勝手な想像が膨らむときがあります。

これは私の本当に勝手な思いですが、こうした「人を見る目」というのは普段の「子ども」に対しても知らず知らず働かせているのではないかと思っています。

例えば朝、子どもと出会ったとき、何かその表情や態度からその変化を感じ取るものはないか?といった具合です。

もちろん、一人一人出会うたびにジロジロと見つめていると子どもも不審に思うので、自然と感じ取れるように努力してみてください。

「あれっ、髪の毛切った?」、「手の指の包帯どうした?」、「上履きのシューズがドロドロやなぁ」、と些細なことがたくさん気になります。

そして、そんな言葉がけをすると、日頃その子どもと良い関係が築けていれば、必ず何らかの反応が返ってきます。

「はい、髪の毛、切り過ぎました」、「手の指、昨日飼い猫に引っかかれました」、「このシューズの汚れ、この間の文化祭の準備のときからなんです」。

一つ一つの反応からその子どもの気持ちを読み取り、そこから「プチ道徳」が始まります。

「髪の毛は自分で切ったんかぁ?　もし美容院で切ってもらったんやったらちょっとイ

メージの伝え方がまずかったかもわからんなぁ。せやけど、ショートも似合っていると思うで」、「そんなに飼い猫凶暴なんか？ 他人が家に来たときに同じようなことをせんように何か対策打たなあかんなぁ」、「えっ、文化祭のときから？ そんな前からやったんかぁ、気づかへんだなぁ。それでそのシューズどうするつもりや？」

ちょっとしたことでも、話題はどんどん膨らんでいきます。こうした「プチ道徳」を繰り返すことで子どもの気持ちが少し落ち着き、問題行動を未然に防ぐことに繋がることもあるのです。

プチ道徳の繰り返しが、自らの教育理念の基礎をつくり上げる

八 「言うとかなアカン」より「言わんでもできる」

「子ども」の教育の現場でよく聞く言葉に「言うとかなアカン」というのがあります。A君はここがわかってないから「言うとかなアカン」、Bさんはここが間違っているから

「言うとかなアカン」など、ごく当たり前のように言う言葉です。

しかし、私は基本的に「言うとかなアカン」より「言わんでもできる」がより高いレベルの教育ではないかと思っています。

どうしても、教育者というのは「教えないとダメ」「進む道を示さないとダメ」と思い込んでいる人が多いですが、ここで一つ見方を変えて、「子ども」にそこを任せて「子ども」自身が判断して「子ども」の思いで物事が決められるように教育してみてはどうでしょうか？

「そんなことは無理だろう」とか「子どもにはまず示してやってそれからさせなければ」といった意見はもっともだと思いますが、私の経験上、ある程度「子ども」にやらせてみたほうがよっぽど魅力的な結果につながることが結構あるのです。

「子ども」に任せることで、「言わんでもできる子ども」が育つ。私はそう思っていますし、そういう教育を心がけています。ただし、この教育で難しいポイントは、いかにその「子ども」の思いが理解でき、それに合わせたアドバイスができるか、なのです。

ここが教育者の腕の見せ所。しかし、あくまでも「子ども」の思いが第一です。もし「子ども」の方向性が大幅に誤っていたとしても、それを全否定するのではなく、その

「子ども」の方向性を生かしつつ「子ども」との対話をしながら、より良い方向にアドバイスをして導いていく。これが教育の醍醐味ではないでしょうか。

「言わんでもできる子ども」はたくましく、安心して見ていられます。そして何より誇らしく感じます。そんな「子ども」をぜひ育てたいものです。


「子ども」に任せられる快感は教育者のみに与えられる

九　教育者は「○○してくれた」に価値を見いだすべきである

教育している現場で「○○ができるようにしてあげた」とか「○○をしてあげたのでその気になった」といった言葉をときどき耳にします。

こういう言葉を聞くと、この教育者は「子ども」に対してどの立ち位置で教育しているのだろうと考えてしまいます。「教育者＝教えてあげる人」ということなのでしょうか。

（教育者の端くれとしての）私がこんなことを言うと怒られるかもしれませんが、それでも「教育者という一人間が教えられることはたかがしれている」と思っています。

確かに「教育者が教えなくてどうする」という意見を持つ人も多いと思いますが、二十数年前までは同じように考えていた私も、あるときから「いろいろと教える」ことよりも、「子どもの思いに寄り添いながら、その思いを実現する方法をともに考える」ほうがその「子ども」の魅力を引き出すより良い方法になると感じるようになりました。

「子ども主体」だから、必ずその「子ども」の思いに応えられるとは限りませんが、それでもそばで関わってその「子ども」のパフォーマンスが大きく開花したときには、何とも言えない充実感を味わうことができます。そして、それは教育年数を重ねるたびにその体験が増えていくことになります。これは教育者にとっては何にも代えがたい魅力です。

だからこそ、「○○してあげた」ではなく、何も言わずともこんなパフォーマンスを「発揮してくれた」なのです。特に、教育者が気づかないところで「子ども」自らが結果を出すために「○○な判断をしてくれた」というのが大切だと思うのです。

「教育者が『子ども』に媚びを売ってどうする」という人もあるかもしれません、しかし、私はその方に興味があり、やりがいを感じるのです。

「そんな下手に出ればなめられるだけだ」という教育者もいるだろうし、実際、なめられることもあるかもしれません。しかし、どんなに教育の効果を出しにくい「子ども」でも、謙虚にまっすぐ「子ども」を見ればその教育は必ずや実を結ぶ、と信じて教育をする他ないのではないでしょうか。

これからは「教えない教師」が主流になる時代です

十　「敬意」は「敬意」を持ってのみ払われる

教育者はよく「子どもから尊敬されなければいけない」といいます。何の思いがあって言っているのかよくわかりませんが、確かに尊敬されないよりは尊敬されたほうが教育者としてはその教育が成り立ちやすいことは間違いないでしょう。

しかし、問題なのは「どう尊敬されようとしているのか」ということです。残念ながら、強制的に義務的に「『子ども』が『教育者』を尊敬しなければならない」と仕向けている教育者もいろいろな現場でよく見かけます。こうなってくるとお互いの関係は最悪な状態に向かっていくのが火を見るよりも明らかです。

私は「敬意」は「敬意」を持ってのみ払われると思っています。相手が「子ども」だからといって、「大人に対して敬意を払うのは当たり前だ」とか「教育者に敬意を払うのは当然だ」というのは、どうも「大人」や「教育者」のエゴだとしか思えません。

「相手を敬う」ということは「子ども」を教育する過程においてとても大切な心構えです。しかし、その方向が「子ども」から「大人」へ、「子ども」から「教育者」へという一方向だけで考えるのは大きな間違いだと思います。

本来、「敬意」とは、自然な状態で表してこそ値打ちのあるものです。決して指示や強制して表すものではありません。ですから、「子ども」に対して、自然と「敬意」を払うことができれば、おそらく子どもからの自然な「敬意」は払われるものだと思います。

「子どもに敬意？」と思うかもしれませんが、「子ども」の持っている可能性はこちらが予想、想像する以上に素晴らしいものがあります。ある意味、それだけで「尊敬」に値することなのです。

そして、こちらが教育する過程でそんな「子ども」の姿に出会えたなら、こちらとしてもますます教育するのに力が入るというものです。

つまり、私は「子ども」の教育者は「子ども」の可能性を見つめながら、教育者自身が「より良い教育がさせてもらえる」と感じることに対して「子ども」に感謝と尊敬の念を持ち、教育すべきだと思っているのです。

「敬意」を払う謙虚さ、「敬意」が払われる尊さ。教育は崇高な関係で成り立つ

十一 「向上心」は育むべきものである

教育者は「子ども」に向けて「向上心を持ちなさい」と言うことがよくあります。もし、言わなくとも「向上心」は身につけるべき大切な心の持ちようだと考えている人は多いと思います。

ならばその「向上心」はどのようにすれば身につくのでしょうか？

こういうと、「常に前向きに取り組む」とか「失敗を恐れず挑戦する」「困難を乗り越えてこそ成長がある」といったような言葉だけを並べて、「子ども」を教育していないでしょうか。私はこんな言葉で「向上心」が身につくなら苦労はしないと考えます。

「向上心」は「子ども」が「人」に成長する大切な、あるいは重要な心の持ちようです。それだけにそう簡単には身につきません。そこに、適切な教育とアドバイス、そして本人の関心・意欲が相まって初めて身につくものだと思っています。

「向上心」は身につくまでに非常に時間を要し、しかも幾度も失敗を繰り返しながらやっと身につくかどうかの代物です。まさしく、「教えて」できるものではなく、「育む」という関わりがなくては成り立たないのです。

しかし、いったんこの「心」が育てば、教育者がその変貌に目を疑うほどの勢いで成長していきます。そして、「人」という生き物の素晴らしさやたくましさをその「子ども」から感じることができるのです。こんなときは「教育者冥利に尽きる」といっても過言ではありません。

ぜひ、一人でも多くの教育者が「子ども」自らの意思と努力で「向上心」が身につけられる教育を体得し、それによって一人でも多くの「子ども」から立派な「人」が育ってくれることを心から望んでいます。

自ら「向上心」を持った教育者のみが、「子ども」の向上心を育める

十二　教育することは商法に似たり

「商売」は良い商品をお得感を持って多くの人に提供する。「教育」も質の高い教育を「子ども」自らの意思を持って前向きに取り組めるようにして、一人でも多くの「人」を育てる。

　こんな比べ方は非常識かもしれませんが、私にはどことなく似たようなニュアンスを感じます。

　ただ、商売は「儲かったか儲からなかったか」が大きなポイントになりますが、「教育」にははっきりとした結果がありません。それがないのをいいことに、教育者の一人一人が自分の勝手な基準をつくっていきます。もちろん、つくらない人もいるかもしれませんが、大半の教育者は多少なりとも自らの心の拠り所として、そんなものをいつの間にか持っています。

そこで問題になるのが、その拠り所となる教育ポイントが果たして本当に「子ども」を育てることになっているのかどうかということです。

私が見る限り、「勘違いしていないかなぁ」と思う人にときどき出会います。あまりにも気になるときは、私も声をかけるのですが、その人自身が信念を持ってそうしているときはしばらく見守ります。もしかするとそこから私の想像以上の結果が生まれるかもしれないからです。

また、「商売」は「儲かる」「儲からない」で自らの努力の成果がはっきりと見て取れますが、「教育」はその辺が非常に曖昧なので、これで良かったのかどうかはなかなか自己採点しにくいところがあります。

だからといって、それに甘える対応をとってはいけません。まして、自らの教育で「子ども」が何ら育たなかったり、もっと言えば「子ども」の育ちの弊害になったのでは、「本末転倒」。教育する意味がなくなってしまいます。

質の高い商品をできるだけ多くの人に提供し、満足をして喜びを感じてもらう。この点では「商売」と「教育」は似かよっていますが、「教育者」にとってはまだまだ厳しい取り組みが必要です。やり手の商売人に負けない、「結果」にこだわり、「妥協しない」教育者をぜひ目指してください。

自分なりの教育の商品価値を正しく見極めろ！

十三　「飼育」や「介護」になっていないか？

「子ども」を教育する方法はさまざまな形がありますが、私はそんななかで「教育」のつもりで「飼育」や「介護」をしている教育者をときどき見かけます。

言葉を見ればその違いは明らかだし、内容についてもその違いは明らかなのです。明らかなはずなのですが、なかなかその違いを見極められていないのです。

まず、「飼育」についてですが、そもそも、これからの「教育」において「子ども」に敬称をつけて呼べない教育者は時代遅れとなっていくことは明白です。何で「子ども」に「さん」や「君」をつけて呼ばなければいけないのか、今でも疑問に思っている教育者は少なくはないかもしれません。

私もかなり長い間、「子ども」に敬称をつけて呼ぶことにためらいを感じる時期がありました。しかし、「子ども」の見方が変わっていくうちに敬称で呼ぶことにためらいを感じなくなり、むしろ今では敬称で呼べないような「子ども」との向き合い方ではまともな教育はできないとさえ感じています。

つまり「飼育」から「教育」への脱却と言えるのかもしれません。

「飼育」とはつまり「飼い慣らす」ことです。「しつけ」にも似たところがあると思いますが、これは「子ども」を「下」に扱っている感覚が強い関わり方です。

「先生の言うことがなぜ聞けないの。先生があなた方にいろいろなことを教えてあげて初めてあなた方は育っていくのですよ」

というパターンの言い方だと思います。

その点「教育」は、

「あなた方の意見や考え方を聞かせてください。そのなかでより良く育っていくためにはこんなアドバイスがありますがどうですか？」

となるのです。

前者であれば「敬称」は必要ないかもしれません。しかし、後者であれば「敬称」をもってして初めて効果が上がるのです。つまり、「子ども」をどういう対象とみて教育に当たるかということです。

「子どもに言うことを聞かせるのが教育だろう！」という人もいるかもしれません。確かに教育者の言うことは大切です。しかし、そこに「子ども」自身のクリエイティブな「やりがい」がないとすれば、それは「教育」をしたことにはならないのです。

「飼育」は飼い慣らせている間はあまり問題が浮き彫りになりませんが、飼い慣らせなくなった段階で崩壊します。一方、「教育」は主体が「子ども」ですから、本来教育者は余裕を持ってその教育に当たれるはずです。

　また一方で「介護」的な関わりを教育と勘違いしている教育者もときどき見かけます。

「介護」というのは、基本的には「現状生命維持」です。現状の状況で安心・安全に幸福感を得られる環境を整えることがその主な目的だと考えます。

「人」は本来一人で生きていくことはできません。様々な場面、様々な取り組みのなかで、数多くの「人たち」に支えられ、関わりながら生きていくものだと考えます。

「介護」というのは一人でも、安心、安全に生活できたり、毎日の生活のなかでわずかでも幸福感が感じられるよう、様々なケアをしていくことです。

しかし、私は「介護」で「教育」はできないと考えています。

教育の現場において、何事もなく平穏無事に過ごせた。問題を抱えながらも、大きく他人に迷惑をかけず巣立った。不登校生が学校には来られず、クラスや学校の生徒と特に関わることはなかったが卒業はできた。

これらは一見、大きな問題はなさそうですが、これは「教育」ではなく「介護」です。確かに、この場合、教育的に関わったからといって、すべてがより良い関係になるかどうかはわかりません。しかし、「教育」はクリエイティブでなければいけません。「介護」的な関わりからは新たにクリエイティブなものは生まれません。

「教育」は、上辺だけでなく内面的な成長があって、初めてその価値があるものです。単に上辺だけ、見かけだけが良くてもそれが「子ども」自身が自ら考え、感じて創造した結果のものでなければ、その姿はやがて薄れていくことになるでしょう。つまり、実際にはその力が身についていないということになるのです。確かに、その場ですぐに対応できないことも多々あるでしょう。しかし、そうであったとしても、それはそれで「子ども」と一緒に悩めばいいことです。

一緒に悩んで苦しんで、そして答えを探す作業が一緒にできれば、「子ども」は「人」

へと成長する何かをつかむはずです。

子どもの成長にとって果たして何が大切なのでしょうか。それは考えるまでもないことです。

大きな声を上げたり、時には極端に優しくなったりする「飼育」を受けている「子ども」の表情や態度は、何か枠のなかで育てられ、その「子ども」はすでに枠の外へ出ることすら考えず、与えられたことだけをこなしながら生活しているようで、何とも悲しい気持ちになります。

また、一見「子ども」に対応しているように見えても、それが「子ども」の何かを変えるものでもなく、ただ大きな問題や間違いに走らないようにだけ見守っている「介護」的関わりは、決して「教育」したことにはならないという自覚を教育者は持つべきです。

ぜひ一度、自らの指導を振り返り「教育」ではなく「飼育」や「介護」になっていないか確認してみてください。もし、自らの指導に反省を感じたなら、ぜひ、本来の「教育」を追求して、「子ども」を本当の「人」へ育ててほしいと願っています。

「飼育」や「介護」で「人」は育たない

十四　教育よりも共育

「子ども」を教育する場合に「共育」という言葉がときどき使われます。いわゆる「教え込む」イメージの強い「教育」ではなく、「ともに学び育ちましょう」という意味の「共育」です。

ただ、このともに学び育ちましょうというイメージを使おうとしている教育者が、少し勘違いをしているときがあるのです。それは「ともに学び」と言いながら、その指導が教育者本位になっていないか。「育ちましょう」と言いながら「育てましょう」になっていないかということです。

自らの教育を振り返ったときにどうでしょうか。私は、「共育」が大切だという教育者のなかで、普段はともに育ちましょうと言いながらほとんどが教育者の思い通りに進めていたり、結局は手取り足取りで教育を進めている教育者を見てきました。

私はこれからの教育は「教育」より「共育」だと思っているのですが、本当に「共育」をやろうとするとかなり難しいことが結構あります。

例えば、ともに学ぶということは教育者側からすればその答えを一緒に導き出すということになります。ここでは、あくまでも〝導き出す〟ものですから、答えを教えるのではありません。

しかも、「子ども」本位の発想が生かされる教育でなければ意味がないのです。ともに育ちましょうにしても、「子ども」が育とうとしなければ意味がないのです。決して「育てられた」「育たされた」ではいけません。

「子ども」が自分の力で学べて、自分の力で成長できたという実感が伴わないと「共育」を推奨する意味はないと思います。究極のところ、「子ども」から見て「教育者」の存在は薄いほうがより高いレベルの共育になるのかもしれません。

「共育」のなかで一番値打ちがあることは、「子ども」自身が自らに自信を持ち、次のステップに向けて前向きに取り組もうとする行動となって表れるかどうかです。残念ながら「子ども」の新たな態度・行動となって表れない限り、その「共育」は適切とは言えません。さぁ、結果を伴う「共育」の探求にぜひ励んでください。

教育的な教育ではなく、共育的な教育を目指せ！

十五　物事を教育的に考える

教育者にとって、「子ども」を教育するときだけでなく、日頃から身の回りの物事を教育的に捉えることはとても大切です。

世間のニュース一つをみても、凶悪犯罪のニュースが流れると「これを子どもにどう伝えればいいのだろうか?」であったり、スポーツニュースでの選手の活躍などのニュースが流れると「教育者としてその結果をどう捉えて『子ども』にどう伝えると教育的な効果が上がるのだろうか」といったふうに捉えることが、自らの教育力向上にも繋がると思っています。

「子ども」の世界というのは、たぶんに世間のさまざまな状況に流されやすいところがあります。教育者が見て、大したこともない情報だと感じても「子ども」にとっては非常に興味ある情報だということもしばしばです。

だからこそ、さまざまな話題を子どもがどう捉え、どう考えるかを、教育する側としては常に感じ取り、それについてその都度どう教育すればいいか考えておくことが、「子ども」の成長に大きく関わることにもなるのです。

以前に、こんなことがありました。

陸上競技の短距離選手、桐生祥秀さんが日本人で初めて１００ｍを10秒の壁を破る９秒98の日本新記録で走ったとき、その数日後にある陸上競技部の一年生が、

「なぜ桐生選手はあんなに速く走れるんですか？」

と質問をしてきました。私はこの生徒にどのレベルで答えを返せばいいか、少し迷ったので、

「あなたはなぜだと思いますか？」

と逆にこちらから質問を返しました。すると、その生徒は、

「足の回転が速いからかなぁ」

と少し悩みながら答えたので、

「そうやなぁ、テレビで見ててもめっちゃ速かったもんなぁ」

と答えました。するとその「子ども」は目を輝かせながらこちらを見て、「もっと何かを教えてください」と言わんばかりの表情をしてきたので、今度は私から、

「どうしたら足の回転を速くできると思う？」

と尋ねると、少し間をおいて、

「足を引き上げる速さを速くすれば良いと思います」

と答えてきました。専門的に言えば、そんな単純なことだけで速くなるとは思わないのですが、今、この生徒の心のなかには、足を速く引き上げて足の回転を速くして快走している自分の姿があるのだと思ったのです。そこで、

「そうやなぁ、そしたら次のスタートダッシュの練習のとき、少し速く足を引き上げて走ってみようか?」

と投げかけると、笑顔で、

「ハイッ」

と答えました。

陸上競技専門のエキスパートな指導者から見れば、「何とも取るに足りない、いい加減な指導をしている」と言われそうですが、「教育的に考える」というのはこういうことだと私は捉えています。

この生徒は、桐生選手の素晴らしい走りを見て感動しました。おそらく自分も桐生選手のように少しでも速く走りたいと思ったのでしょう。そこでそれに少しでも近づくために、

私にどうしたらいいのか尋ねてきたのです。

　この生徒に「速く走る」ということをどう教育的に伝えるかを考えたとき、専門的な技術や言葉を並べ立てたところで、この生徒の速くなりたいという気持ちはおそらくそれ以上のレベルには上がらないだろうと考えます。

　それよりも、言っていることは単純でごくごく基本的な、しかも一部分だけの考えだったとしても、自分のあこがれを実現させるために精一杯考えた「子ども」の思いを認め、応援することのほうがよっぽどその「子ども」の成長につながるはずです。

　これは教育の対象が「子ども」だから言えることです。だからこそ、さまざまなことを「教育的に捉える」という作業はとても大切だと言えます。少し自らの教育を振り返り、「教育的に捉えた教育」になっているか考えてみてはどうでしょうか？

「教育的に考える」とは、関わる「子ども」の明るく生き生きとした姿を
想像しながら言葉で伝えることである

十六　若さの錯覚

最近、若い教育者に元気がなくなってきていると感じるのは私だけでしょうか？　なぜ、若い教育者に元気がないのか？　私自身が思いあたることはいくつかありますが、その一つ目は周りの規制が強すぎる点です。

「あれをやってはいけない」、「これはこうあらねばならない」。そういったことが職場のなかや保護者、世間から常に求められ、「失敗してはいけない」という自責の念に駆られているのではないでしょうか？

確かに私が教職に就いた頃（今から約三十数年前）は、まだ「教育者の言うことは聞くもんだ」という風潮が世間のなかにもありました。それによって少々の失敗は愛嬌程度にとらえられ、大きな問題に発展することはほとんどありませんでした。

しかし、今は違います。子どもが家に帰って少しでも学校での不満を漏らそうものなら、ここぞとばかりに怒鳴り込んでくる保護者も珍しくはありません。

そこまでひどくなくても、何か事あるごとにちくりちくりとこちらの弱みでも握っているかのようについてくる。何とも気が重い日々が続きます。

こうした状況では、経験の浅い若い教育者ほど思い切った行動がとれなくなるのは、当たり前かもわかりません。

二つ目には、これは若い教育者に限らないことですが、教育者の仕事自体がかなり「ブラック」になってきていること。

えてして教師という職種を選ぶ人は、生真面目で手を抜くことが苦手な人が多いものです。同じ職種の先輩同僚からの、「若い教育者は鍛えられないとダメ」的な対応を見ることさえあります。これでは若い教育者もたまったものではありません。

三つ目は「子どもの多様性」でしょうか。とにかく、一人一人の対応が千差万別。一つとして同じ対応が通用しないと言っても過言ではありません。そのため、その教育にかなりの労力を要するようになってきました。

実は、今まで述べたこうしたことは若い教育者だけに限ったことではないのですが、とりわけ若い教育者には経験が浅い分、その影響は大きいと感じます。

ならば、どうすればいいのか？　残念ながら、これが正解といえるようなものはありませんが、まずは毎日自分の「子ども」の育て方に対する信念をしっかりと持ち、その信念にそぐわない事態に出会ったとき、その信念を貫いてどこまで通用するかを試していくのが良いでしょう。

ただ、そのときに若い教育者に気をつけてほしいことは、自分の信念に対する錯覚をしないことです。

「子ども」に自分の信念をぶつけたとき、「子ども」が冷静で、しかもきちんとこちらの意見に耳を傾けているにもかかわらず、どうも思うような効果が出ない場合があったとします。そのときは、こちらも冷静に自分の信念を見直す勇気を持つべきなのです。

「信念は信念なのだから、とにかく貫き通してやる」というのでは、いつしか自分を見失い、ただの狭い視野のわがまま人間の教育者にしかなりません。

どうか、錯覚をせず常に冷静で広い視野で見ながら、子どもを見守り、職場のなかで自分の信念を追求できるよう取り組んでください。進歩は遅々としたものかもしれませんが、やがて必ず自分のなかでも誇れるものが見つかるはずです。頑張ってください。

若い教育者には熟練教育者が真似できない素晴らしい教育方法があります

十七　言葉は心に届き、褒めるは魂に届く

「人」が持つコミュニケーションツールには、言葉と文字があります。受け手としては、言葉や文字はその場で確認でき、それなりに理解しやすいものです。

しかし、同じコミュニケーションを前提としたものでも「褒める」という行為は心情的なもので、その実態は目で見て確認できるものではありません。

それは確認できないだけに、どう伝わっているかは相手の言動の変化によってのみ判断するしかありません。つまり、その結果を判断するには大変難しい状況があるのです。

しかも、「褒める」という行為自体がとても難しいことです。「教育者の褒める行為はとても大切だ」とよく言われますが、子どもが本当に頑張って自分なりに成果が出せたとき、すかさず褒められるとそれは想像以上のプラス効果を生み出します。

逆に、「そんなに頑張ったつもりではない」のに「適当な理由をつけて褒められる」と「この人は上辺だけ見る人だ」とこちらの気持ちを見透かされてしまうのです。そして、それはやがて不信感へと繋がっていきます。

ですから、「褒める」という行為が相手の魂に届いているかいないかを「子どもの反応」で見極める必要があるのです。この見極めを誤るとそれ以降、教育の方向性はずれる一方になるかもしれません。

「人」の気持ちや感情のずれは一度はまってしまうとそこから抜け出すのが非常に困難となるので、それだけ慎重でなければいけません。少なくとも、「とにかく褒めればいい」はとても危険な教育方法だとわきまえるべきです。

見せかけだけの「褒め言葉」を多用する教育者にはなるな！

十八　待つ姿勢を極める

「良き教育者」になるかならないかは、「待ち」の姿勢を極めるか極められないかにかかっている、と言っても過言ではありません。

「待つ」ということは、その相手を「信用」しなければいけません。「不安」や「不満」が先立つと「待つ」ことをせず、自ら何らかの行動を起こさざるを得なくなります。

私は今でも相手の「子ども」に対して「不安」や「不満」が先立つことが多くあります。しかし、ここ何（十？）年かは「ちょっと待ってみよう」と思って、自分の先走る行動を抑えるようにしてきました。

すると、後になって「子ども」のその行動がこちらの「思い込み」や「勘違い」だったことが、思った以上にたくさんあったのです。

これは私の見方の甘さかもしれませんが、少なくとも、

「すぐに行動に移さなくて良かった。あのとき行動を起こしていたら子どもの見方を誤っていたなぁ」

と思うことがたくさんありました（今でもあります）。

長く教育していると、その場ですぐに教育しなければならないこともあります。しかし、それはよっぽど「命」にかかわることや「著しく人権を侵す」ようなときで、少し冷静に考えるとほとんどそのまま見守っていても結果が大きく変わらないことに気づきます。

結果が大きく変わらないのであれば「待つが良し」です。そのほうが「子ども」を余裕を持って見られます。余裕を持って見られたときの教育は、より適切な教育につながります。

慌てて行動を起こしてしまうのは、「自分よがり」の教育になってしまうのです。たまには「自分の教育は本当にこれでいいのか？」と自問自答してください。教育者の年齢が積み重なれば積み重なるほど、自分の過ちを誰も指摘してくれなくなります。

そんなとき、「待つ姿勢」をぜひ自分で追求してみてください。何か教育のヒントが見えてくるかもしれません。

冷静に、広い心で「待つ」が良し

十九　「しんどい」と「やりたくない」はまったく別

「子ども」を教育しているときに、よく「子ども」自身が「しんどい」とか「やりたくない」といったネガティブな言葉を発することがありますが、「子ども」のネガティブ発言は慎重に扱わなければいけません。

まず見極めなくてはならないのは、そのときの「子ども」の心が「前を向いているか否か」です。「しんどい」という言葉にはまだ前を向いている可能性がありますが、「やりたくない」は少なくともその時点で前を向こうとはしていません。

仮にこれを見誤ると、その後の教育の方向性を見誤ることにもつながっていきます。

「子ども」のネガティブ発言の真相をつかむのは難しいですが、決して疎かには扱えない部分です。

しかし、教育者は「子ども」のネガティブな発言を聞くと、つい「何を弱気なことを」と考えてしまいます。これは、「子ども」に対する期待の裏返しだとも言えますが、前述したように教育者側の先入観だけでその言葉を判断してしまうと、その後の教育は大きく道を外しかねない事態となります。

「子ども」がネガティブな発言をした際は、その裏にある子どもの心理にまずは目を向けてください。そして、それが単なる甘えなのか、自己顕示欲からなのか、何らかの不満からなのか、はたまたまったく違う原因なのか、判断をしなければいけません。

その判断があってはじめて、その後の教育の方向性が定まります。私の教育の経験上、このネガティブな発言の裏には、こちらが予想すらできないその「子ども」の深層心理が隠れていることも珍しくはありません。

それによって、「過去にはずいぶん誤った教育をしてきたなぁ」という反省も多々あります。私も若い頃は、誤った判断で教育がうまくいかなかったときは「子ども」や「他人」のせいにしていました。

「弱気な発言をするからだ」とか「Aさんは心の線が細いからなぁ」などです。

しかし、今から思えば、もう少しあのときに丁寧に見ることができていれば、その「子ども」を「もっと生かす道があっただろうなぁ」と反省しています。

「子ども」のネガティブ発言侮るなかれ！


「子ども」のネガティブな発言のなかにこそ、教育のチャンスが潜んでいる

二十　顔色はうかがうものではなく感じるもの！

「顔色を見る」という言葉は教育する上ではよく使う言葉ですが、通常の生活ではあまり良い意味では使われていないように思います。しかし、「子ども」を教育する教育者としてはとても大切なことで、「子ども」の顔色を見られない教育者は「子ども」をきちんと捉えようとしていないと言っても過言ではありません。

ただ、この「顔色を見る」という行為、「顔色をうかがう」という言葉とともに用いられることがありますが、これらの言葉は良き教育をする上では少しその捉え方を変えなければいけないでしょう。適切に表現するなら「顔色を感じる」ということでしょうか。

「顔色を感じる」とはどういうことか？と不思議に思うかもしれませんが、やっぱり「見る」のでもなく「うかがう」のでもなく「感じる」ものだと思うのです。

「人」の表情というのは、そのときどきの感情で大きく変わってきます。その微妙な変化や表情の違いは視覚だけで感じ取ることは困難なのです。やはり「感じ」ないとだめなのです。その言葉の裏には視覚として入ってくる情報だけでなく、もっと細かな情報を感じ取ろうとする、その「子ども」に対する向き合い方が含まれるのかもしれません。

私は常々、「子ども」を教育するときに視覚として見える範囲で教育することは危険なことだと感じています。かといって、心で感じて教育することがたやすいことだとも思いません。

それでも、たやすくはないのですが「子ども」に良き教育をするには、その部分にまで入り込んで教育をしないと、「大人」とは違ってなかなか効果的な教育は望めないのです。

「勘」に頼れ！なんて無責任なことは言えませんが、しかし「勘」「感覚」「感じる」ということはとても大切なことです。もし、さまざまな教育者にこの感覚が新鮮に聞こえたなら、ぜひ「感じる力」「感覚」を養ってみてください。

そして、そこで感じたことが今までにないことだったなら、おそらく自分のなかで新たな教育法を見いだすために一歩前進したことになると思います。


その「人」を見て、何も感じないうちはまともな教育はできないと心得よ！

二十一　「言うことを聞かせる」は教育か？

教育者が最初に「子ども」に向き合って教育するとき、一体何を考えるでしょうか。

「まずは教育者の言うことを聞くようにしつける」

「教育者の教育方針をたたき込む」

「教育される立場を理解させる」

などなど。いわゆる「なめられないように」という心の表れが態度や言葉になって出てしまうことはないでしょうか？

ここで言う「なめられないように」というのは、裏を返せば「教育しやすいように」、「感謝の気持ちを身につけさせるため」などの感情が見え隠れするのですが、こういうパターンの教育はいわゆる「職人的指導」に走りやすいのです。

つまり、「経過よりも結果」、「結果良ければすべて良し」、「素材が結果を決める」といった教育です。

他の項目でも述べましたが、私は「教育者」の名の下に「子ども」を教育する場合は、一般的に「職人的指導」よりも「教育的指導」を優先しなければいけないと思っています。

つまり、

「結果よりも経過」

「結果は目標でそれがすべてではない」

「素材はすべてが対象」

であるということです。

最初に、「教育者の言うことを聞かせる」教育は「職人的指導」に傾きやすく、「教育的指導」には不適切です。「教育的指導」なら、まずは「子ども」が「どこを向いて」、「どれぐらいの気持ちで」、「どんな姿を目指しているか」を少し時間をかけてつかむ作業から始まるはずです。

もちろん、時間はかかるし、必ずしも「子ども」の考えが正しいとは限らないので、そこは丁寧に見ていかなければいけません。しかし、ここで教育者が「面倒臭がったり」「大きく見方を誤る」とその後の「教育的指導」は良からぬ方向へと進んでいきます。

後になって大きく路線を外れていることに気づいてもそこからの方向修正は困難を極めます。それだけ、最初に「子ども」に向き合うときの教育者の心持ちは大変重要なポイントを占めているのです。

何事も、事の初めの関わりでその教育の大半が決定する

二十二　「感謝」は「する」もの？「させる」もの？

教育者は教育するだけで「感謝されるもの」であると勘違いしている人をときどき見かけます。「子ども」に何か教育的なことをした後に、やたらと「感謝」的な言葉や態度を求める教育者。

確かに、他人に何か教育してもらった後に「感謝の意」を表すことはとても大切で、身につけるべき態度だとは思いますが、かといってそれをして当たり前、しない「子ども」はそのすべてを否定するような対応はいかがなものでしょうか。

私は、最初に「感謝」することの大切ささえ伝えておけば、あとは「子ども」が「感謝したい」と思えば自然とするでしょうし、「したくない」とかその意までに達せず「やらなかった」ということも、ある意味、自然なのだろうと考えます。

つまり、「感謝」という気持ちは他人が「させる」ものではなく、「子ども」の気持ちのなかから自然発生的に「する」ものなのです。

教育者がそれを期待して「感謝」されなかったときは、むしろ、そこまでの教育に至らなかった自分を反省することのほうが大切かと思います。

いずれにせよ、「教育者の傲慢さ」は「子ども」の何をも育むことはできません。「謙虚な姿勢」で「子ども」に対して「何ができるか」、「どうしたら成長させられるか」を絶えず「子ども」の様子を見ながら考え、「子ども」が生き生きとしながら自らの課題や目標に挑めるよう、その環境を整えていくことが教育者の役目だと考えています。

これは大変ですが、そういうことを続けていれば、「感謝の気持ち」は「子ども」のほうから自然と示されるはずで、そもそも「感謝されるために教育しているのではない」ことは当たり前なことです。

私は、「子ども」との関係づくりは年々難しくなってきたと痛感しています。しかし、それがたとえどんなに難しくても、それができないと効果的な教育が成り立たないというのも事実です。

「子ども」に精一杯の教育をして、その結果「子ども」のほうから思いがけず「感謝」の気持ちが伝えられるような関係が築ければ、それは最高なことだと思います。

「感謝」は真心でこそ本物！

二十三　学校は「矯正施設」ではない

当たり前のことですが、学校は「矯正施設」ではありません。しかし、実際、現場でさまざまな教育方法に出会うとき、「あなたのやっていることはどこに教育的な価値が存在していますか?」と疑いたくなるような場面にときどき出くわすのです。

つまり、「その子どもの何を育てようとしているのか」見ていてわからないのです。ただ「子ども」と「教育者」が同じ空間にいるだけで、「子ども」が何か悪さしようものなら厳しく注意され、常に監視されながら自由がきかない状況をつくって、「教育者がそれで満足してしまっている」、「教育者の言うことを聞いていれば良い子でいられる」、そんな状況を見たとき、そんな空間で一体何が育つのだろうと疑問に感じてしまうのです。

これも当たり前のことですが、「教育」は「子ども」と関わってなんぼの世界です。その関わり方は年々変化してきてはいますが、少なくともただただ面倒を見ている程度の関わり方では「子ども」は「人」として育ちません。

学校は矯正施設ではありません。そのなかで生活している「子ども」は、無限の可能性を秘めた崇高な生き物です。その崇高さを「子ども」自らが引き出そうと努力し、それによって「人」としての価値を高め、それが「世のため人のため」になるような力を身につける場所が学校です。

教育者は、「教育」という崇高な行いを自覚・追求し、本来の素晴らしさをもっと感じてほしいと思っています。少なくとも「子ども」の面倒を見るだけで満足するような、そんな教育者にはなってほしくないと願っています。

教育の本質は矯正ではなく「子ども」の可能性の追求である！

二十四　教育者の常識、非常識

教育者はえてして上から目線でしゃべったり、そういう態度を取りがちですが、時として教育者の常識がまったく間違っていることもあります。「子ども」の教育者としては（子どもの教育者に限らないが）、このことはわきまえておくべきだと思います。

その非常識に気づかず、それを基に教育したとしたら、そんな教育を受けた「子ども」はたまったものではありません。やがて、教育者に対する信頼感も薄れ、互いの心の距離は離れる一方となることでしょう。

とすれば、この常識・非常識をどこでどう判断するのか。これはその教育者の謙虚さ・探究心に懸かっているのかもしれませんが、やはり「子ども」との関わりのなかで自らが判断するしかないのです。

「子ども」は基本的に素直だと思います。教育者の教育によってその反応は、良くも悪くも、またその多くも少なくも、何らかの形で表面に（表情・態度に）表れます。これをいかにタイミング良く、的確に捉えられるかということが自分の判断の基本となります。

　この判断をきちんとするには、やはり日頃から「子ども」を的確に見られているかにかかっています。日頃からきちんとできていれば、そのタイミングや見方を外すことなくある程度正確に「子ども」を捉えることができるでしょう。

　しかし、そんなことを考えていても、教育者は時として非常識なことをしてしまうことが多いのです。なぜならば、良くも悪くも絶えず降りかかってくる問題や課題をその場で即決しなければならないというプレッシャーが多いからです。

　だとすれば、なおのこと、常に自らの常識・非常識には敏感になり、謙虚に物事が考えられるようにならなければなりません。


今までの自分の常識が本当に「子ども」の常識を育てているか謙虚に冷静に判断せよ！

二十五　「聞く」教育者と「聴けない」教育者

「聞く」と「聴く」。その違いは何かと言われると、「聞く」は単に耳から入ってくる言葉を認識すること、「聴く」はその言葉の意味や口調、強弱など相手の心の動きまで感じること、と考えます。

　これは私なりの解釈のイメージですが、これを基本と考えたときに、「聞く」教育者と「聴けない」教育者は実質的に同じです。

　裏を返せば、良き教育者になるには「子ども」の発する言葉の強弱、口調、そのときの表情までをも感じ取り、同じ言葉でもそのときどきで違うとらえ方ができなければいけないということです。

もっとわかりやすく言えば、笑顔で「ありがとうございます」と元気に言うのと、はにかみながら「ありがとうございます」と控えめに言うのとでは当然、その意味合いは変わってくるということです。

ですから、教育者は「子ども」と向き合うとき、絶えずその感性を働かせ、一つ一つの言葉の奥にある気持ちや感情をできるだけ感じ取れるようにしておく必要があります。

そうは言っても、いつもそれが感じ取れるわけではありません。ありませんが、感性を働かせているとふと、「何かいつもと違うなぁ」、「何かおかしいなぁ」、「何か気になるなぁ」、そんなことを感じるときがあるのです。

そして、そのときが教育のチャンスなのです。良くも悪くも「子ども」の心に何らかの変化が起こっているはずですから、そこで適切な教育ができれば効果てきめんです。さらに、ここで教育がうまくいけば、その「子ども」との信頼関係も深まるはずです。

「感性を磨く」というのは、教育者にとって、自分を成長させるためにもとても大切なことだと思います。一人でも多くの教育者が、「子ども」の心の声を「聴ける」よう努力してください。

プロの教育者は「人」の心を「聴こうとする」

二十六　丁寧さの勘違い

「子ども」を教育するとき、「丁寧な教育をしましょう」という言葉をよく耳にします。

私はそんな言葉を聞いたとき、「丁寧さ」って何だろうと思ってしまうのです。本来「丁寧さ」というのは良い意味で使われ、教育する際にはどちらかと言えば必要な対応だと思うのですが、時として「丁寧さ＝余計なお節介」という間違った使われ方をしている場合を目にします。

教育者のなかには、つい「転ばぬ先の杖」を多用したがる人がいて、それが「子ども」に対する「丁寧さ」だと考えているのです。

確かに、そういう教育が必要なときもあるとは思いますが、それはどちらかと言えば特別な対応で、基本は「自分で歩かせてみる」ではないでしょうか。

どこで手を差し出すかは、それこそ教育者のセンスだと思うのですが、少なくとも絶えず関わろうと準備をして、何かにつけて手助けする教育は決して「子ども」のためにはならないのです。

しかし、この〝杖〟の使い方は「子ども」を教育する上ではとても大切で、その使い方によって「子ども」の成長に大きく関わってきます。

まだ自立できていない「子ども」はそばで見ていても危なっかしく頼りない部分が多いので、ついつい杖を差し出したくなるのですが、このタイミングを間違うと「子ども」は次からその杖に頼り、杖なくしては前に進めなくなってしまいます。

逆に、何回も倒れながら自分で前に進もうとはしているものの、なかなかそれができないときに杖を差し出すタイミングを逸すると、その「子ども」は次から立ち上がれなくなり、ついには後退してしまうか、楽な道を選ぶことになってしまいます。

いずれにせよ、「子ども」一人一人に応じたタイミングを教育者はしっかりと見極め、その「子ども」が主体性を持って自らの道を自らの力で切り開けるようにサポートしなければならないのです。

「丁寧さ」という言葉を一種、自らの教育の「誇り」のように感じている教育者もいますが、その扱いを一つ間違うと「子ども」にとっては大きな成長の妨げになることを心得ていなければいけません。

「丁寧さ」は使い方を誤れば「子ども」の成長を妨げると心得よ!

第二章　「子ども」とどう関わるか？

二十七　「子ども」をどこから教育していくか

「子ども」に対して何らかの教育をするとき、まずその「子ども」の目標は何かを見極めます。そして、その目標が「子ども」にとって、自分の持つ力のなかでどのレベルにあると考えているのか、そのためのモチベーションがどの程度なのか、おおよその状態を把握する「ツカミ」から教育に入っていきます。

その上で、次に大切になってくるのが、ならばどこから攻めていくのがいいかを見極めることです。正攻法でいくのか、ちょっと「子ども」の意表をつくのか。今からか、後からか。強い目でいくか、ソフトな対応が良いか。

あるいは、その教育するときのシチュエーションは一対一なのか、一対複数なのか。広いグランドがいいのか、小部屋が良いのか。朝がいいのか、昼か夕方がいいのか。笑顔から入るのか、真剣な表情で入るのか。何か見せながらするのか、相手の気持ちを確認することから入るのか。最初に語りかける言葉を考えておくのか、その場で考えるのか……。

そのときの状況、内容に応じて自分なりの「カン」(勘)を働かせ、そのシチュエーションを組み立てます。

私の経験上、この最初の教育していく視点によってその後の教育の流れが大きく変わります。

もちろん、そのときどきで落ち着いて対応できないときもありますが、そんなときも一呼吸おいて、もう一度考えてみます。そうすると、違う教育の視点が浮かんだり、時にはそのまま何もしないほうが良いかもしれないと感じてその場を見守ることもあります。これは怖じ気づくのではなく、効果的撤退とでも言えばいいかもしれません。

長い間、教育に携わっていると、徐々により的確な判断が自然と身についてきますが、二つとまったく同じ対応はありません。

そう考えるとやはりこの世界、まだまだ奥は深いと感じずにはいられません。だからこそ「子どもの教育者」には他の世界にない大きな魅力があるのかもしれません。

一つ一つの教育を組み立てていく。そこに教育のやりがいを感じる

二十八　人間的な関係が保てる教育

私はこれまでいろいろな教育者を見てきましたが、「子ども」との関係がどうも機械的だったり、その関係が主従関係だったり、上辺だけの関係だったりする場面を見かけることがときどきありました。

私がいつも大切にしていることは、相手が「子ども」であろうとなかろうと教育するにあたっては相手を自分と同じ「人」として見るようにすることです。あくまでも、教育する側と教育される側の関係は対等であるべきだと思っているのです。

「そんな甘い考えで子どもを教育できるはずがない」とも言われそうですが、この「同じ『人』として見る」は、子ども相手に迎合しているわけではありません。あくまでも「人」として生きていくにはどうすればいいのかという「心」や「行動」のキャッチボールが大切だと思っているのです。

子どもの進もうとする道が誤っていると思えば問い質しますし、甘えていれば叱咤激励もします。前に進む力がなければ、寄り添って励ますこともします。これは子どもを一人の「人」として見ないとできないことだと思います。

こうした教育は、簡単そうですがなかなか難しく、押し過ぎてもダメ、引きすぎてもダメ。どこで、「人」としての位置を保つのか、その子どもにとって「人間らしい」とはどういうことなのか、絶えず探り続けなければいけません。そして、教育しながらその結果を見続けなければいけないのです。

決して教育者側だけの考えでは人間的な関係を保つことはできません。

「人」だからこそ「子ども」を「人」へと教育できる

二十九　自分の育てた「子どもの姿」は「きれい」か？

私は、自分の責任で育てる対象の「子ども」をみるとき、中学教師ということもありますが、まずは自分なりにその「子ども」の3年後あたりの「理想像」を描きます。

つまり、「この生徒がこういう姿で卒業できたらいいなぁ」とか、「次の目標までにこうなればいいなぁ」などです。そして、何年か後にその姿に近づいたとき、その姿を「きれい」だなぁと感じます。

教育していくなかで、当然最初に描いた「像」とはまったく異なることもありますが、それはそれで、その都度新たな「像」を描くのです。最初にその「像」を描くことはおそらく、教育者としての支援の拠り所として、「子ども」の主体性を生かそうとして迷ったときや上手くアドバイスできなかったときに次の支援の柱になるはずです。

したがって、自分の考えるその子に対する「きれいな姿」は本当にきれいなのだろうか、その子どもにとって「本当にきれいな姿とはどういう姿なのか」日々変化していく子どもの姿を見ながら毎日が自問自答の世界です。

卒業して十年後、二十年後、あるいはもっとその先で、一人の社会人として、「人」として何らかの話題で思い出話ができる日が来れば、あのとき「きれい」だった姿にさらに磨きがかかって「神々しく」見えるかもしれません。

そうなれば、教育者としては最高の瞬間ではないでしょうか。そんな日が来ることを楽しみにしながら日々支援しています。

「きれいに輝く人の姿」は見ていて幸せな気持ちになります

三十　教育的な関わりとは？

私は、教育者として子どもと関わる以上、その教育現場の生活上のあらゆることに教育的意義を持って関わるべきだと思っています。

教育者のなかには教育的意義よりも自分の思うようにやったほうが意義あることだと考えている人もいるかもしれませんが、それが子どもにどう教育的に反映されているかは必ず確認すべきことです。そして、そこに教育的意義がないとすれば、それは継続する意味がないと考えるべきなのです。

何を教育的と考えるかはそれぞれの教育者の判断となりますが、その判断の良し悪しは、その教育者の関わりによって「子ども自身」が自ら成長しようとする力が生まれているかどうかにあると思います。

あくまでも「子ども自身」がです。そこに教育者が前面に立って指図したり、「子ども」に教育者の存在を意識させてしまった段階でそれは「子ども自身」が、とはなりません。

ここは肝心なところですが、よくある勘違いは、その教育者がさんざん「子ども」に過干渉になっているにもかかわらず、それを「これは関わっていることにはならない」とか、それでいて「私がちょっとだけヒントを与えたおかげで成長した」などとプチ自慢話になります。

長年自分の勘違いで関わってきた人にはなかなかここが理解されません。

私は、それぞれの教育者がここをしっかり押さえられないと「教育的な関わり」の話をしてもあまり深まらないように感じます。

教育者は常に自信を持って教育するべきだと思いますが、自らが勘違いだけはしないように、常に自らを反省して振り返ることが大切です。

自分が教育したことによって「子ども」が自ら成長していく力を身につけられているか、冷静に判断しなければいけません。

教育のプロは「子ども」の自ら成長しようとする姿にどう関わるかで勝負すべき

三十一　「人」として育てる

中学生は一般的には「子ども」かもしれません。しかし、そのまま「子ども」として教育すると間違った教育をしかねません。

「まだ、子どもだから無理」

「子どもだからやめさせよう」

「子どもの言うことだから……」

普段何気なくそんな言葉を発したり、そんな対応をしていないでしょうか。これは、教育者がその教育の方向性を見誤る原因です。

どの関わりが「子ども」の成長につながるのか、真剣に考えていますか？　安全は大切だし、無謀は「子ども」のためにはなりません。しかし、「人」としての成長を願ったとき、決して安全策最優先だけでは「良き人」にはなりえません。

確かに、中学生を「子ども」として考えたほうが「楽」なことは結構あります。結構ありますが、そこをどう教育していくのかは、「子ども」を「人」にする大きな分岐点だと思います。

「子ども」が少しハードルの高いことをしようとしたときに、「そんなに慌てなくても」とか、「そんなに背伸びしなくても」と思われるかもしれませんが、「子ども」が「人」になるチャンスはどこに潜んでいるかわかりません。

だからこそ、教育する機会は早い遅いではないのです。絶えずそういう目で「子ども」を見つめ、「人」へと導いていけるチャンスを計りながら、「子ども」の姿を肯定的に捉え、見守る必要があるのです。

私の経験からいえば、こういうチャンスは見つけようと思って見つかるものではありません。日頃、そういうことに気をつけていると、何かしらふと、「ここだ」と感じることがあります。そして、それが的を射た教育につながるのです。

そのためにも「子ども」は「子ども」としてではなく、「人」として見る必要があるのだと思います。

「子ども」の教育者は「子ども」から「人」への変化の意識を明確にせよ！

三十二　「子ども」の新芽とは？

教育する立場で「子ども」を見るとき、一体「子ども」のどの部分を見て教育するのが良いのでしょうか？

植物であれば、新芽が出れば新たな成長を直接感じることができますが、こと「子ども」となるとどこを見てその新芽を感じ取ればいいのでしょう。

これはとても難しい課題ですが、その新芽が感じられないと教育のあり方というのが見えてこないのも事実です。

となれば、教育者各自の目線で新芽を見つけるしかありません。

私なりには、「子ども」の新芽とは「できなかったことができたとき」というのが一番妥当に感じます。しかし、これを見極めるのは簡単なようでとても難しいことです。

「そんなの見てればわかるでしょう」という人もいるかもしれませんが、教育の効果が一番上がる「新芽の出たて」をピンポイントでつかまないと効果は半減します。

新芽が出てしばらく経ってからそこを教育しようとしても、かえって「子ども」との間に「不信感」を招きかねないことにもなります。

「子ども」自身がまさしく今、「できるようになった」、「わかるようになった」というポイントを見逃さず、褒めたり、認めることがその教育効果をより一層高めることに繋がります。

「子ども」が自然な姿のなかで、教育者は「新芽ポイントをしっかり見届ける」というのが理想なのかもしれません。

こうした新芽のとらえ方がピンポイントでできるようになると、その後の「子ども」はスクスクと育ち、やがては大きな花が咲き、実を結びます。それだけ新芽を見る目はとても大切なのです。

教育者のみな様には、いかにしてピンポイントで「子ども」の新芽を見届けられるか。自らの「子ども」の見方に磨きをかけ、一人でも多く、一回でも多く「子ども」の充実感に満ちた笑顔に出会ってほしいと思います。


「子ども」は丹精込めて育てていれば、しっかりとした新芽を肌で感じることができる

三十三　「子ども」が描いているイメージの共有

教育者は日頃の教育のなかで「子ども」の持っているさまざまなイメージを絶えず想像する必要があると考えます。

そんなことは本人に直接聞けばいいではないかという人もいるかと思いますが、「子ども」を教育する際には、何でもかんでも「子ども」に聞けばいい、というものでもないのです。

本人が話をしてもいいと思っているときとそうでないとき、聞かれても素直に話ができるときとそうでないときというのがあり、「子ども」だからこそ、そのときどきの心境は大きく揺れ動いています。

そんな状態にあることが前提で、こちらの都合だけで「教育者が聞いているのだからきちんと答えて当たり前」というのはあまりにも強引です。

大切なことで確認しなければいけないことは、本人の様子を見ながら直接聞くこともありますが、大概は直接聞かずとも判断しなければならないことのほうが多いものです。

当然、これを見極められるほうが「子ども」との関係は断然良くなります。「子ども」からしてみれば、この教育者は「自分の本心を知ろうとしてくれている」と思うか「とりあえず聞いておこうとしている」と思うかでは大きな違いです。

しかも、その「子ども」の感じたことが今後の教育に大きく影響するとすれば、それは慎重に捉えるべき問題ではないでしょうか。

しかし、「子ども」のイメージを捉えるというのはそう簡単なことではありません。こう書いている私でも、その答えが正解か不正解か正しく判断できるのは現在もなお五分五分といったところです。

ただ、五分五分ですがそのイメージを想像することは十分に価値のあることで、それは前述したことも含めて、「子ども」との距離は教育する上では大変大切なものだと考えます。

一人一人との心地よい距離を保つには、「子ども」のイメージする世界の想像は必須条件かもしれません。ぜひ、子どもの想像、思い描く世界に思いをはせ、より良い教育者を目指してください。

「相手の立場に立って物事を考える」。教育者が日頃、子どもに向かって正すべきことです

三十四　その教育理念で本当に「子ども」が「より良く」育つか？

「子ども」の教育者は誰しも、その想いに差はあれ教育理念を持って教育にあたっています。しかし、その教育論で本当に「子ども」は「より良く」育っているのでしょうか？

よくよく考えてみてください。

私自身は毎日この自問自答の連続です。ある同僚にこのことを伝えると「それはウソでしょう」とたしなめられましたが、私は本心で毎日一人一人の教育に対して、私自身に問いかけながら今も教育にあたっています。

正直しんどいですが、そういう心持ちでいないと「子ども」の本当の姿が見えないような気がしてなりません。

同じ人間が同じ練習をしてもそのときそのときで「出来」が違います。「今日はどうしたんだろう」、「より前向きにするには何をしてどう声をかければいいのだろう」、そんなことがいつも頭のなかを駆け巡ります。

だからといって、すぐに行動には移せません。とりあえず策を持っておいて、気になるときもしばらく見守ります。すると、なかには思い過ごしや勘違いに終わることもあります。

ただ、しばらく見守っても気になることが変わらないときはその「子ども」の近くに行って声をかけます。

声をかけるときも、いきなり押しつけたり、決めつけたようなことは言えません。まず気になることを「子ども」に投げかけ、その原因を探ります。

このとき、「子ども」のちょっとしたつまずきが原因のこともあれば、こちらが思いもよらないことでビックリするようなこともあります。しかし、そんなときでも慌てず騒がず、「子ども」の気持ちを冷静に確かめながら少しずつ、「子ども」の「育つ」方法を探ります。

しかし、ここまでできたとしても「子ども」はその後、順調に育っていくとは限りません。私は「子ども」が育つというのはそれぐらい丁寧に慎重でないと「より良く」は育たないと思っています。

「人」は少々放っておいても、身体は自然と大きくなりますし、それなりに社会に出ても生活できるようになります。ならば、「教育」の必要性は何か？　それは「子ども」がやがて「より良く」生きていけるよう、その力を育てていく機会ではないでしょうか。

「より良く」とは何を言うのかは各教育者の判断にゆだねたいと思いますが、少なくとも放っておいても育つレベルを「育てた」と勘違いしてしまう教育論や教育者にはならないでほしいと願います。

勘違いしないためにも常に自問自答をして自分の教育論を磨いてください。

「理念」をもって「子ども」を教育していく覚悟。教育者には必須条件です

三十五　「子ども」に任せる教育力

小学生の低学年ぐらいではまだ難しいかもしれませんが、小学生でも高学年以降ぐらいになると、少しずつ「子ども」に任せる教育が必要になってくると私は考えています。

そもそも日本の義務教育九年間は社会で生活する最低限度の知識と教養、身体づくりと心づくりを行う場だと思っていますので、義務教育最後の一年ぐらいになると一日学校で教師の手を借りずとも自らが判断し行動できるようになることが理想だと思っています。

つまり「教師不在」でも「子ども」だけで自治活動できる力を身につけさせたいのです。

ところが、教育者のなかには義務教育の最終場面になっていても「手を貸す」、「口を出す」、「指示をする」という「子ども」が自立できにくい教育をしている人に出会います。

気になるときにはその教育者にその場で私が助言するのですが、一度身についたこういう感覚というのは、なかなか変えられるものではありません。

私が、さまざまな場面で「子ども」に任せる教育をしていると、「それは『子ども』に丸投げする教育だ」とか「教育者が関わらなかったために子どもが失敗したらどうするんですか」といった意見やメッセージをいただくことがあります。

私としては、それはまったくの勘違いだと思っています。

「丸投げ」とはすべてを「子ども」にさせておいて、教育者は一切関わらないというのがそのニュアンスだと思いますが、「子ども」に任せられる教育は「一括教育」で指示を出して全員に同じような教育をするよりはよっぽど一人一人を見る必要がありますし、「失敗したら……」というのは、逆にわざとさせることはないとしても、「失敗をさせられない教育」が「子ども」にとっては不幸なことなのです。

「失敗」したときの「くやしさ」「みじめさ」「落ち込み」という感情は「子ども」の時期

に経験していかないといけないことですし、失敗経験のないまま社会に出て行くと、とんでもないことになるでしょう。

私は「子ども」には自立してもらわないと困るし、他人を頼ってでしか生活できなくなるように教育してしまうのは「教育の罪悪」といってもいいくらいのことだと思っています。ですから、「子ども」に任せられる教育が大切なのです。それが「子ども」の「人」への成長につながっていく大切なものだと確信しています。

教育者の本当の優しさは、直接的でなく、間接的に伝わるものである

三十六　「丁寧な関わり」より「丁寧な見方」

教育者が「子ども」に関わるとき、「丁寧さ」が大切です。ただ、「何を丁寧にするか」が問題です。

「関わることの丁寧さ」はもちろん大事ですが、その「子ども」が教育者から「丁寧さ」

を求めていない可能性もあります。にもかかわらず、「丁寧に関わることが良い」と決め込んで教育をすると、ますます「子ども」との溝は深まるばかりです。

そんな光景を見ると私は「もう少し子どもを丁寧に見ていきましょう」とアドバイスします。

何度も言うように、私は「子ども」の気持ちを抜きにして教育はありえないと思っています。だから、まず「子ども」の今の状態をしっかりとつかみ、そのなかでどう関わるのがその「子ども」の成長につながるのか、それを追求していくことが「子ども」を支援する教育者のすべきことなのです。

「関わる」ことに関して、気になることの一つに、教育での「子ども」との距離があります。近すぎたり遠すぎたりの両極端のパターンです。おそらくその教育者は「一生懸命」なのだと思うのですが、その「子ども」との関わりが極端に偏ってしまっているのです。

「一生懸命」のポイントをどこに持って行くのか、どこに持って行かなければいけないのかは、やはり目の前の「子ども」をしっかり丁寧に見ることが重要で、そうすれば、おのずとどこがポイントなのか見えてくるはずです。

しかし、これがポイントだと思って関わったときの「子ども」の自然な姿を見たとき、その姿が思うように変わっていなかったときは教育者も素直に反省すべきです。

それを自分の教育を受け入れなかった「子ども」のせいにしたり、自分の教育以外の所に原因を持って行っても何の解決にもなりません。

やはり、常に「丁寧に子どもを見て」その上で「丁寧な関わりを持つ」ことが、「子ども」の成長を促していくことにつながっていくのだと思います。

丁寧な見方があって丁寧な関わりがある。その逆は真ならず

三十七　「負けたくない」気持ち

「子ども」を教育していて、「ここが勝負どころだ」というシーンにたびたび出くわします。

そんな、「ここで力が発揮できれば目標が達成できる」とか「ここで勝てれば次のステップに勢いがつく」といったようなとき、教育者は「子ども」にどんな言葉をかければいいのでしょうか。

私は過去においてさまざまな場面でさまざまな言葉がけをしてきましたが、最近は「負けないようにしよう」という言葉がけが多くなったように思います。

この「負けない」というのは、相手に対してだけではなく自分自身に対してであったり、過去の自分であったりとそのときどきで意味合いが変わってはきますが、まずは相手に向けての気持ちよりも自分自身の気持ちをコントロールしていこうという意味合いが大きいのです。

「人」はどうも「勝つ」意識を持つと、その気持ちの持って行く場所を相手に求めてしまいます。つまり、「A君に勝つ」とか「Bチームに勝つ」というふうに、気持ちのベクトルが相手にだけ向いてしまいます。

一方で、「負けないようにしよう」というのは、まず「自分自身に負けないでいよう」というのが基本となるので、ある意味「自分との勝負」になり、気持ちのベクトルが自分自身に向いています。

気持ちのベクトルが相手ではなく自分に向いたからといって必ず成功するものではありませんが、私が今まで「勝つ」という言葉よりも「負けない」という言葉を使って支援したときのほうが、その本人の力が出せていたのです。

やはり「勝つ」という言葉には、ただ一点の勝負という感じがありますが、「負けない」という言葉には「自分の心のコントロールをすれば良い」というわずかなゆとりを持つことができるのかもしれません。

その「子ども」が勝負に挑む気持ちを盛り上げ、自らの力を発揮できるよう指導者のかける言葉にも心配りをしたいものです。

外向けの「勝ちたい」と内向けの「負けたくない」。まずは自分との勝負！

三十八　ドラマティックな教育を創造する

「子ども」を教育する際、私は理論的なことより感覚的に教育することのほうが多い気がします。

そもそも相手が「人間」なわけですから、すべてが教科書通りに事が進むはずがないのです。ですから、当然その教育は自ずとそのときそのときの感覚的な判断に頼らざるを得ません。

しかし感覚的に判断し教育するとしても、何か自分なりの拠り所というものが必要です。

私がよくやることは、一つ一つの教育を自分なりのハッピーエンドで終わるドラマ仕立てにすることとです。つまり、「子ども」が幸せになる完結編のドラマをつくるのです。「子ども」の今の状態が教育することによってこんな良い状態で終われるように、「そのために、ここはこうして、こうなってきたところでこういう状態まで持って行ければいいなぁ。あとはここまで持ってこられたらハッピーエンドで幕を下ろせるだろうなぁ」と自分なりに教育をドラマ仕立てに組み立てます。

冒頭にも述べましたが、そもそも「子ども」を教育するということは「筋書きのないドラマ」です。これがいかに具体的に結果を生み出せるかが一つの勝負なのです。

多少筋書きは良くなくとも、そのドラマでそれなりの結果が出ればオッケーです。一流の作家が書いたドラマのように他人に感動を与えられるような筋書きは書けないかもしれませんが、ある程度の教育が施されればそれなりに結果は出るものです。

肝心なことは、その「子ども」のそのときそのときの様子に合わせて変幻自在に流れや関わり方を変えることとです。さぁ、今日はどんなドラマが創造できるか、楽しみにしながら「子ども」と向き合ってみてください。

教育とはその「人」といかにドラマティックな生き方を創造できるかだ！

三十九　「やり方」ではなく「向き合い方」を教える

私は、中学校の教師として授業では「保健体育」を教え、部活動では「陸上競技部」顧問として長年携わってきましたが、授業においては「バレーボールの上手くなる方法」だとか、部活動においても「陸上競技の速く走る方法」を教えてきたつもりはありません。

私が主に教えているのは「バレーボール」や「陸上競技」の技術ではないのです。「バレーボールの技術上達のためにどうバレーボールと向き合うのか」、「陸上競技の記録向上を目指して陸上競技とどう向き合うのか」を教えているのです。

つまり、何事も上達や成長する過程で必ずつまずき、ときには大きな壁が前に立ちはだかります。そんなときにその課題や問題に対して「どう向き合うのか、どう向き合わなければいけないのか」を考え、「子ども」がその課題や問題を自ら克服していくためにはどうすればいいかを一緒になって考えていくのです。私はこれが、「教育」の原点だとも思っています。

この克服の道筋や注意点は、「子ども」によって、あるいはその中身によって変えていかなければいけません。それをその場、その場で考えていくのが教育者の役割です。

これがもし、プロスポーツの監督だったり、実業団スポーツの監督だったら「バレーボール」や「陸上競技」の技術向上にかかわることを教えるべきです。

しかし「教育的スポーツ」の指導者の基本は、その活動を通して「子ども」を「人」に育てていくことが目的であり、「人」になるための手段として支援するべきだと考えています。

この考え方には、いろいろな意見があると思いますが、私が長年「子ども」に携わってきて得た一つの結果です。

「教育」とは課題解決のＨＯＷ ＴＯを伝達するのではなく その向き合い方を一緒に考えることである

四十　冷静に叱れ

「叱る」という行為は一般的には「感情」の一つの表現ですが、「子どもの教育者」はこれを一つの教育のツールとして使えるようにしないといけないと思っています。

しかも大切なのは、「冷静に叱る」ということです。確かにこれは相反する言葉ですが、この両方をできることが必要です。

昔から「子どもの教育者」は「子ども」の前で「演技ができなければいけない」ということが言われています。嘘偽り、まやかしは御法度かもしれませんが、「子ども」の気持ちを正常な状態にコントロールするには大切な教育方法です。

とはいえ、これは最初からなかなかうまくはいきません。こちらも一度叱り始めると当然のごとく感情的になりますし、冷静なんかでいられるもんかと半ば諦めかけますが、私の経験上「感情的に叱る」ことで満足いく結果が出たことはまずありません。

私も若い頃は思うがままに声を荒げ、叱り飛ばしていた時期がありました。その頃は「愛のムチ」も、ときには必要だというとらえ方で保護者から感謝されることさえありました。しかし、今は違います。

かといって、いつも穏やかな口調だけで効果的な教育ができるとも思いません。そこで、大切になってくるのが「冷静に叱る」です。

イメージがわきにくいかもしれませんが、口調は叱りながらも一つ一つの言葉を吟味しながら、相手の表情の変化も感じつつ、絶えず少しのゆとりを持ちながら事を進めていくのです。

慣れてくると少しずつポイントがつかめるようになってきます。大切なことは、叱りたいときに一呼吸おくことです。それで少し現状を冷静に見ると、ちょっと落ち着いて叱ることができるのです。

後は「ここに気づいてほしい」という教育者の思いがしっかりと伝わるよう努力することです。ぜひ、このツールを身につけて子どもが納得のいく叱り方で育ててください。

教育者も叱る演技ができるようになれば一人前

四十一　「子ども」をどうプランニングするか？

「子ども」の教育者の一つの力として、子どもを教育する「プランニング力」があります。「プランニング」というと、何かつくられたもののように感じる人もいるかもしれませんが、ここは教育者の「プロ」たる所以の大事なところです。

まずは教育者なりの子どもに対する「理想像」を持つことが大切です。ただ、その理想像に近づけるための教育をするわけではなく、子どもとともにその歩む道を模索していくなかで、教育者側がアドバイスをしながらこの「理想像」につながっていくようプランニングをしていくのです。

当然、そこにはプランニングしやすい子どももいれば、しにくい子どももいると思います。教育途中で一からその方向性を変更しなければいけないことも出てくるかもしれません。

しかし、決してくじけてはいけません。「教育する」ということは「最後までプランニングに徹する」ということです。途中で投げ出してしまったら、それは「教育した」ことにはなりません。

ここで、再度確認しておきますが、理想の教育は教育者が描いた理想像通りの形をプランニングしてつくり上げることではありません。あくまでも、「子ども」との交流のなかで教育者の理想像を参考にしながらより良いものをプランニングしていくということです。

これは教育者によっては、面倒臭がったり、飽きてしまう人もいるかもしれません。しかし、もう少し頑張ればそこには素晴らしい結果が待っているはずです。あるいは、ちょっと考えれば大きく好転するきっかけが摑めるかもしれません。

とにかく、できる限り諦めないことです。半ば意地になってでも、冷静にその結果を導こうとすることです。それが繰り返されてはじめて、また次の新たなプランニングのイメージが湧いてくるものだと思います。

教育のプランニングは型というものが無いので、人の「感性」でつくり上げます。「感性」は豊富な経験とその一つ一つの奥深さで研ぎ澄まされていくものです。これからの教育者は、子どもをより良く育てられるプランニング力をぜひ身につけてほしいと思っています。

教育をプランニングする。プロの教育者にしかできない技です

四十二　「この教育者の言うことは聞いてみようかなぁ」という関係

世の中には、教育者が指示したことがすぐに伝わり、一糸乱れずその通りできたときに「素晴らしい」となることがあるのかもしれませんが、私はこれを「教育」ではなく「強制」だと考えています。

確かに、「子ども」の何人かは自分の意思でその行動に大きな意味を感じ行動している人もいるかもしれませんが、かなりの割合でそれは「やらされている」に等しい部分が多いのです。

そんな「半強制」でやらされている子どもでも、この教育者の言うことを「聞かなければならない」ではなく、「聞いてみようかなぁ」と思えたとき、その教育の効果は想像以上に発揮されることになるのです。

なぜ、思いもよらないような結果を出すことになるのでしょうか。

「人」は前向きな気持ちになれたとき、その持てる力を発揮しようと気持ちが動き、それによって自分の思わぬ力を発揮させることがあるのではないか、と想像します。

そして、そういう気持ちになった「子ども」は次から急に態度が変わるわけではありませんが、何かこちらに興味を持ちながらその気持ちが少し近寄ってきます。私は「こんな関係がいいなぁ」といつも思っています。

「人」は「人」を信じることができるようになったとき、身体のなかからエネルギーが湧き上がる

四十三　長所を認める省エネ教育

えてして、教育者と名のつく人は「人に教えてナンボ」、「人を正してナンボ」と考えている人が多いですが、私の思う「教育者」はそうではないと思っています。

前述の教育者は、その人物の「良いところ」より「悪いところ」に目が行き、ついついそれを正さなければいけないと意気盛んに関わろうとします。

それで良い結果が出ようものなら、「私が教えてあげたから……」「私が教育したから……」と、声に出す出さないは別として、そんな雰囲気がそこら中に漂います。

教育者としてそれが本当の値打ちなのでしょうか？　私はしばしば疑問に思ってきました。

確かに、教育者の値打ちは、「結果良ければすべて良し」という部分がなくはないでしょう。しかし、もっと大切なことは、その「子ども」が「人」として育ったかどうかなのです。

結果だけ良くても、その結果が次にその教育者がいないところではその良さが出なかったとすれば、それは「人」として育ったことにはなりません。

ですから、私が薦めるのは、「子ども」の短所を見ることも大切ですが、それ以上に「長所を認めましょう」ということです。

「子ども」が本当の自分の良さを認められれば、そこから自らの足で歩み始めようとします。ただし、これにはそのまま順調にいくパターンもあれば、何度か失敗、挫折を繰り返すパターンもあります。

しかし、いずれにせよ教育者が関わるのは最初のキッカケだけで、あとは見守ります。失敗を突き詰めて修正していく教育よりはよっぽど効果的だと思います。

この教育のもう一つの良さは、「子ども」との良き関係が築きやすいということです。

当然のことですが、他人の短所を見つけるより長所を見つけるほうが楽しいですし、それがうまく見つかって認めることができたときのほうが、短所を正されたときよりも「子ども」の気持ちは何倍も明るいはずです。

私も、短所は修正する必要がないとは思っていません。今修正しないと「大きな過ちに発展しかねない」ということもありますし、そんなときは厳しく修正することも必要です。

しかし、それを自分の教育の主流にしてほしくないと思うのです。

いくら教育しても、自らの態度を修正しようとしない「子ども」もいるでしょう。二、三日前に深く反省したはずなのに、また同じ失敗をする者もいるでしょう。そんなときはその短所にしか目が行かないのもわからないではないです。

ですが、そんなときこそ「なぜそうなるのか？」について少し視野を広くして、あわせて「長所」にも目を向けてください。そうすると、「こんな良いところがあるのになぁ」とか「なぜその長所を生かさない」と、少しその「子ども」の見方が変わってくるはずです。

そういう見方に変えた上で、改めて目の前の問題を考えてみてはどうでしょうか。

教育の基本は、その「人」を愛おしく感じられる一面を見つけられるかどうかです

四十四　「子ども」の心をつかむ話ができるか

教育者は「子ども」の前でその心理に迫る話ができるかどうかでその教育力が大きく変わってきます。逆の言い方をすると、自己満足な話に終始し、教育に行き詰まっている教育者をときどき見かけるのです。

「子ども」の心理に迫れないということは、「子ども」を理解できていないか、あるいは、その「子ども」の捉え方が独りよがりになっている可能性が高いということです。

自分ではつかんでいるつもりでも、それが本当に子どもの心理なのか、それが本当に子どもの訴えようとしていることなのか、常に見極めようとする意識が大切です。

そして、それ以上に大切なのは、その見極めた答えが本当に的を射た答えなのかどうかを冷静に判断しなければならないことです。

この見極め方が正解か不正解かは、まず「子ども」の反応を見ることが大切になります。

ただ、当然のことながらその見極め方がいつも正解になるとは限らないのです。むしろ不正解や正解モドキのほうが多いかもしれません。

しかし、その教育者の意識と経験で正解の確率を増やしていけばいいのです。そうしている間に大ハズレがなくなってくると、「子ども」との関わりがまたワンランク上昇することになります。

今後、数多くの教育者が「子ども」の心理を確実につかみ、自らの教育者としてのランクを上昇させることができれば、より充実した「子ども」の育成につながっていくと考えています。

「話術」は教育者にとって必須条件だが、その言葉は自らの心根から発せられる

四十五　「子どもの真剣さ」を侮るな

「子どもの真剣さ」なんてしょせん「子ども」レベルの考えだと思っている教育者は多いかもしれません。私も長らく「真剣さ」という言葉は重みのある言葉で「子ども」に使うことはあまりないと思っていました。

しかし、あるとき、「子ども」の部活動指導で気の抜けた練習をしていた「子ども」を指導していると、その「子ども」が、

「私は明日から真剣にやります」

と豪語して帰って行きました。その「真剣」という言葉に私はあまり深く考えず、明日から多少は改まるだろうが、しょせん「真剣に」などとはほど遠いことしかできないだろうと思っていたのです。

ところが、あくる日からその「子ども」は「人が変わった」かのように黙々と練習に取り組むようになり、最終的に県の大会に出場するまでに変化したのです。

ここまで大きく変わる例はそう多くはないと思いますが、近畿や全国大会に出場した「子ども」たちをみていても、ある時期から「人が変わる」という現象は数多く体験してきました。

だから、「真剣さ」というのが「子どもの戯言」というのは当てはまらず、社会通念的な「真剣さ」という言葉と同じように十分にその重みを持って思考し、実行できる力が「子ども」には備わっているのです。

あとは、教育者のとらえ方・見方とその扱い方に懸かっていると言っても過言ではあり

ません。

このように、「子ども」には無限の可能性が秘められています。その無限という領域を教育者がいかにとらえられるかは「子ども」を教育するにあたって大きなポイントです。「子ども」の真剣な世界を甘く見てはいけません。もし、真剣にと言いながら真剣な態度が見られないとしたら、それは教育者側のそれまでの指導のなかに何か問題があると考えたほうが良いと思います。

「子ども」と言えど、その「心」が充実したときにはとてつもない力を発揮する

四十六　「子ども」を頑張らせるライン

どんな教育をしていても、「子ども」一人一人のそのときの実力は当然異なるはずです。ところが、教育者はそれを一律に同じラインまで引き上げようとしてはいないでしょうか。チームプレー、個人プレーによって多少は違うのかもしれませんが、それでも一人一人

が活きてこそのチームプレーだし、個人プレーに至っては、まさしくその「子ども」自身の問題となります。

その「子ども」の所属する集団がチームプレー競技だとして、まずはチームの目標といったものが決まるはずです。

そして、大切なことは、チームの目標を達成させるために個々の目標をどこに定め、それをどうクリアしていくかということです。教育者はそこを見てどう教育していくかを考えなければいけません。

チームで揚げた目標を達成するだけの力がないからとその「子ども」を除外することは、あまりにも危険極まりない教育をすることになります。

教育者は、一人一人に目を配り、どの目標に向かってどう頑張ろうとしているのか、一人一人の頑張る方向とその熱を感じながら、しっかりと自分自身の力で目指す目標が勝ち取れるよう、寄り添い励ますことが大切な役目です。

頑張るラインは決して教育者が決めるものではありません。あくまでも、「子ども」自身が自ら目指す目標を見据えながら決めていかなければならないものです。

教育者は、そうして自らが歩んでいく「子ども」に寄り添い励まして、「子ども」が立ち止まったり、座り込んだり、横を向いたり、後ろを向いたり、あらぬ方向に駆け出していく行動を柔軟に導いていくのが本来の教育をする姿勢だと思っています。

「子ども」が自分のラインで頑張れているか。良くも悪くも見届ける姿勢が大切です

四十七　「ここで学べて良かった」といえる教育ができているか？

教育の世界で「教育の成果」などという確固たるものはありませんが、私の教育に関わった「子ども」が将来社会に出て、何らかの話の拍子に自らの「子ども」の時代を「ここで学べて良かった」と言ってもらえるかどうかということが、そこで受けた「教育の成果」として一つの目安になるのではないかと考えます。

少なくとも、その時代を好印象で捉えてくれているというのは、何らかの形でその「人」に対しての成長に携われたということになるのではないでしょうか。

「見栄えの良い授業」や「そのときのさまざまな結果」も大事ですが、それ以上に大切なことは、社会の一員となってふと「子ども」のときに過ごした自分を振り返ったとき、「あのときのおかげで」とか「あのときに頑張れたことが」と言ってもらうことができれば、それ以上の教育者冥利に尽きることはありません。

本来の教育の成果を実際に確かめるのは難しいことかもしれませんが、そういう長い目で見て、世界のどこかで「子ども」の時代を振り返りながら、それを支えに頑張ってくれていることが理想なのです。

「子ども」と関わっている、そのときを大切にすることはもちろんですが、それ以上に、そのとき教育したことが将来役立って、その人の生活を支える力となり得ているのかが重要なのです。

その場だけの満足で「その先のことまでは責任ない」と当たり前のように言い放って、自己満足をしているところはないのか。教育者としての器を自ら狭めるようなことだけは避けなければいけないと思っています。

「子ども」の将来の姿に教育的価値を見いだす

四十八　「子ども」の「１００」を知ろうとする必要はない

教育者のなかには、「子ども」の情報を絶えず気にして、何かあれば根掘り葉掘り聞こうとする人がいますが、これが必ずしも良いこととは思いません。「できるだけ『子ども』の情報を知って何が悪い」と思われるかもしれませんが、これは時として「子ども」の虚像をつくったり、「子ども」に対する先入観を持ちかねないという危険性が潜んでいるのです。

いろいろな情報を得ようとしているときの教育者の様子を見ていると、決してその「子ども」の本質を知ろうとする聴き方ではなくて、矢継ぎ早に質問したり、まくし立てて聞いていることが多いように思います。

結局は、その「子ども」の「１００」を知るのではなく、その「子ども」のわずかな部分を自分たちの解釈しやすいように半ば決めつけて確認しているような、残念な結果となっていることがしばしばです。

「子ども」の本質とはそんな浅い見方で見えてくるものではありません。そして、その労力はもっと違った方向での「子ども」の捉え方に注いだほうがよっぽど効果的な教育ができるはずです。

私は常々、「子ども」を見ていて気になることはよくありますが、そのことにすぐには飛びつきません。若い頃は前述したように、「何でも聞いてやろう」とか、「噂の情報」を知ったもの勝ちみたいな偏った考えがありましたが、徐々に知った情報が勘違いだったり、時としてその情報の内容が変化していく場面にたびたび出会うようになり、「これは少し様子を見てみよう」という気持ちへと変化していきました。

「しばらく見守る」というのは「我慢」と「辛抱」と「勇気」がいりますが、それでも急ぎすぎることはあまり良くないと思っています。

ただし、その内容が生命や人権に関わることについては言うまでもありませんが、必ずすぐにでも確認しなければいけません。このことだけをわきまえてぜひ、ゆとりを持って「子ども」が見られるように考えてみてください。

「子ども」の本質を、こちらから捉えにいこうとするのではなく、滲み出てくるものを感じ取れ！

四十九　困っている「子ども」はまず見守る姿勢

「子ども」を教育するなかで、「子ども」が困っていたらすぐに口や手を出す教育者がいます。そんな教育者は「困っているのを助けて何が悪い」、「私が助けてあげないとこの子はより困るでしょ？」と胸を張って言うかもしれません。

しかし、私は「子ども」の困りはお互いの成長のチャンスだと思っているのです。「子ども」が成長するパターンというのはいくつかありますが、まず自分の心にその問題を落とさないと成長は始まりません。

いきなり成長した部分だけ提供したところで、しょせんそれは借り物です。自分の実力とはなり得ません。「困る」ということは、まさしくその瞬間、自分の心のなかで自分のこととしてどうしようか迷っているわけです。そこからどう新たな自分を生み出すか、「世紀の一瞬」なのです。

その「世紀の一瞬」を教育者の「余計な一言」で壊していいわけがありません。これはお叱りを受けるかもしれませんが、それはまさしくその「子ども」にとっては「余計な一言」なのです。

だから、教育者はそんなとき、まずは見守るのです。その後で「子ども」のなかにどんな心が生まれるのか、それはひらめくようにして短時間で生まれるのか、苦しみもがきながら時間をかけて生み出そうとするのか、そこを「見届ける」姿勢が必要です。

そして、そのときの状態によって「適切な」アドバイスができるようにするのが教育者なのです。

そして、その「子ども」が教育者のアドバイスももらいながらその困っていた課題を解決したとき、「子ども」の表情は何とも言えない充実感で満ちあふれているはずです。

これは、問題は解決できたとしても「余計な一言」で解決したときの表情とはまったく違っているはずです。そして当然、「人」としての成長も大きな差となって、その「子ども」のなかに宿っていくのです。

教育者一人の捉え方で「子ども」の成長は大きく変わります。なんとか「子ども」を見届け、より良く成長させる教育者が一人でも多く育ってくれることを期待しています。

「子ども」の困りを側で見届ける。これができないと「子ども」の教育はできません

五十　サボりにもサボりなりの理由がある？

「サボる」という言葉で「子ども」を捉えるときがよくあります。あの子がまた「サボっている」。「サボったから結果が出なかった」などなど。決して肯定的な意味では使われませんが、私はサボりにはサボりなりの理由があるのだと思っています。

これは、決して私が「サボる」ことを肯定しているわけでもないし、そういう「子ども」を甘やかそうという魂胆があるわけでもありません。ただ、「サボる人」＝「悪人」というとらえ方はあまりにも短絡的なとらえ方のように感じます。「子ども」には『『サボりたい』という意識が大なり小なり誰にでも存在する」ぐらいの度量が欲しいのです。

ただ、当然のことながら、それをそのまま放っておいて良いわけではありません。むしろ、「サボり」を認めた上で、そこをどう教育するのか考えなければいけません。

まずは本人が「サボっている意識」があるのか、あるのであればそれが自分に対してどれだけマイナス的な働きを及ぼす可能性があるのか、を確認します。

そのなかで多少自分を振り返れるようになったら、そこからどうしていくのがいいのか、自分なりに対策がある程度考えられるのか、考えられるとしたならどうそれを実行に移すのか、そして実際に実行に移すことができたのか。このあたりまでは教育者としては見届けられることが大切だと思います。

当然、すんなりとここまで進むとは限りません。むしろ進まないことのほうが多いかもしれません。なんせ相手は「サボり」なのですから、そう簡単には前を向いて歩き出すとは思えません。

しかし、教育者である以上、いつまでも「子ども」がその場で立ちすくんだり、迷い続けたり、後ろばかり振り返らせているわけにはいかないのです。何とか教育者として、自分の力で、少しずつでも前を向いて進めるよう見届けていかなければいけません。

ただ、ここまでの過程を見ても、最初から「サボり」＝「悪人」のレッテルを貼ってしまっていたら、その子どもの捉え方を大きく見誤ってしまっているかもしれません。

「サボりにもサボりなりの理由がある」

いつもそんな目で「子ども」を見られるよう、心の準備はしておきたいものです。

「子ども」の負の心理は、より良い教育に活かせるチャンスと心得よ！

五十一　「子ども」の心に染みる言葉が伝えられているか

「子ども」を教育する場合、なんといっても言葉での教育が何より大切です。一方で、教育者はどこまでその言葉の重みを捉えて発しているでしょうか。

伝達手段としてのみ言葉を使っているうちは、「子ども」を育てる教育にはならないと考えます。発する言葉が「子ども」の心に染み渡り、その「子ども」の心を少し動かして、その結果、「子ども」の行動がより良い変化をしたなら、はじめてその言葉が「育てる」ことに生かされたと言えるのです。

私は、教育者の言葉というのはそういうものでなければならないと思っています。確かに言葉をかけたからといって、いつも「子ども」に思うような行動が見られるわけではありません。

その都度「子ども」の様子を見ながら、その言葉の内容や質を変え、どうすれば教育者の意思が「子ども」の心に届くのか、暗中模索のなかでひねり出さなければいけないものです。

そして、その効果はある日突然あらわれます。そのときは子どもの表情が生き生きとし、その態度に明るさが生まれます。見ているこちらもうれしくなってきます。「子ども」によっては、それがきっかけでいろいろなことが前向きに取り組めるようになることもあります。

そんなとき、教育者の発する言葉には本当に重みがあり、言葉は良くも悪くも「子ども」に大きな影響を与える大切な教育手段だと気づかされるのです。

教育者には、改めてその発する言葉の「重さ」を認識してほしいと思います。もし、その「言葉」が知識や情報の伝達だけで終わっている人は、ぜひこの機会にその使い方を改め、「子ども」を「人」に育てる大切な手段として活用する方法を模索してください。

かといってあまり考え込む必要はありません。いきなり素晴らしい言葉なんて、そんな簡単に思いつくものではありません。大切なことは、自分の言葉をどのように伝えようか、今までよりも少しだけ考えて発してみるだけで、ずいぶん「子ども」への影響は変わってくるはずです。

まったく上手くいかないこともあるかもしれませんが、臆することなく続けてください。そのうちに「あれっ？　いいぞ！」と「子ども」の様子が変化するときがやってくるはずです。

そんな感覚が味わえたならしめたものです。また「子ども」を育てる魅力にとりつかれてしまいます。

あなたは、言葉に心を乗せて伝えられていますか？

五十二　自分の都合で「子ども」を見るな

「教育者」のなかで、指導する「子ども」に対して、自分の思い通りに指導することを良しとする人をよく見かけます。

「教育する」ということは、教育する側の何らかの関わりによってその相手により良い変化を起こすことですから、その方法はさまざまであっていいと思いますが、時に自己陶酔したかのように自分の考えをやたら前面に出すことで自らの教育力を保とうとする教育者に出会うことがあるのです。

私はそんな教育者に出会ったとき、「その子どもの力は本当にそれで最大限生かされているのだろうか」と疑問に感じます。

私は常々、どんな教育者でも、その教育者一人の考えや見識、思考や判断力はたかが知れたものだと思っています。どんな一流選手や成績優秀者を育てる教育者でも、この点についてはしっかり認識すべきです。

それでは、どうしたら一人の「人」としての「子ども」を育てられるのかというと、私は「子どもの教育者」は一貫してアドバイザーに徹するべきだと思っています。

つまり、何を教えられたかではなく、「子ども」がどうその思いを自らの力で実現できるように「教育者」が関われたか、なのです。これは見方によっては「教育する」ことから逃げているようにも見えますが、本当は大変困難で前向きな取り組みなのです。

まず、「子ども」がどんな思いでいるか、何を実現したいのか、これを見極めなければいけません。そして、そのために何が足りないのか、実現させるためにどういう環境を整える必要があるのか、その環境を整えるために何を準備しなければならないのか。一人一人に対してそれを見極める膨大な労力が必要となってきます。

そう考えると、教育者の都合で子どもを見て、教育するほうがよっぽど楽なわけです。

しかし、これからの教育はその「対象者」が主体的でなくてはいけません。

そのためにも、星の数ほどある教育方法から、どれが適しているか探求し、そんなことを考えていくことが魅力だと感じとれるように取り組まなければならないと思っています。

「子ども」は無限の可能性を秘めた「人」です。
いち教育者ごときの世界でコントロールするべきではありません

五十三「子ども」側に責任を持っていくと楽になる

教育していて「子ども」が思うようにならなかったとき、「あの子の性格が悪いからだ」とか「家庭の教育が甘いからだ」とか「もう少し考えればできるはずなのに」などと、自分の教育を棚に上げて、うまくいかないことの責任を「子ども」側に持っていこうとする教育者の姿にときどき出くわします。

そんなとき、私はできるだけ「本当にそれが原因なんですか」とその教育者に言葉を投げかけます。私もその状況がよくわかっていないときがあるのですが、そう決めつけようとするときほど、えてして教育者が自分の教育に自信がないということに気づきます。

当たり前のことですが、「子どもの教育者」は、その教育したことに自らが責任を持って教育しないと成り立ちません。ですから、教育に不安があるあまり、「自分が正しくないなんてことはあり得ない」的なことを思ってしまうと「子ども」に対して間違った教育をしかねないことになります。ところが、うまくいかなかったことの責任を他に求めると、その教育は「楽」になるのです。

本来の正しい教育とは、「子ども」にそこに問題があることに気づかせ、それを自らの力で修正して自らの力で正しい道を歩むことができるよう導いていくことです。ですから、楽をしようとすると、せっかくの教育の一番の醍醐味を自ら他へ持って行こうとすることになり、それはあまりにもナンセンスなことだと思います。

これからの「子どもの教育者」は冷静に困難な問題にも正面から堂々と立ち向かっていける、そんな教育ができる教育者を目指してほしいと思っています。

「子ども」の教育に関する結果は、すべて教育者側に責任があるという覚悟をもて！

五十四 「子ども」の気持ちを振り回す教育者

教育者の教育する姿勢として「『子ども』は教育者の言うことを聞いて当たり前だ」と言わんばかりの教育を見ることがあります。

私はそんな教育場面を見ると、何か悲しくなってくるのです。その人たちはどういう思いで「命令」したり、時には「罵声」を浴びせたりしているのだろうか。私から言えば、そういう場面が多ければ多いほど「自分には教育力がありません」と言っているに等しいと感じてしまいます。

今や、「子ども」に「言うことを聞かせて」「従わせる教育」なんていうのは骨董品に近い教育だと自覚すべきです。

本来の骨董品は古ければ古いほど値打ちが出るのかもしれませんが、こと教育に関しては何の価値もなく、むしろ「子ども」の心を傷つけてしまう凶器になりかねません。

もっと、自分の立ち位置や「子ども」との関係を冷静に判断し、「子ども」の側に立った考え方を習得すべきなのです。

素直で純粋な「子ども」は、教育者の「命令」は「指示」と捉え、「使いっ走り」は「協力」と捉えてしまいます。そんな「子ども」ほど、教育者の育てる姿勢が大きく問われます。自らの教育一つで、「子ども」は良くも悪くも育ちます。それを自覚できない教育者は本当に不幸だと思います。

教育者は「子ども」に振り回されながら教育に励め！

五十五　教育はＹＥＳマンの「子ども」を育てることではない

「子ども」の発達年齢に応じて、そのときどきの教育の方法に違いがあるのは当然だと思いますが、私はどの場合の教育にも共通して言えることの一つに「教育とはＹＥＳマンの『子ども』を育てることではない」と思っています。

「教育者の言うことを聞く子」
「教育者の要求にいつも応える子」

「外から見ていても明るく元気で素直な子」

こうした「子ども」を絶対的に良しとする教育者は多いように思います。

確かに、発達年齢や理解力などによって「形から入る教育」が最も適している場合もあるかもしれません。ところが、そういう教育者は他の「子ども」に対しても同じ教育をしている場合が多いのです。

私は、まずは「YESマンを良し」とする考えを改めるべきだと考えています。ならば「NOマンが良いのか」というと、もちろんそういうことではありません。NOマンよりYESマンのほうが良いに決まっているのですが、そのYESマンの心のなかにどれだけその「子ども」自身の個性的な意思や考えが含まれているのかが重要なのです。

もしかすると、自分の意思や考えをはっきり持っている「子ども」は教育者に対する「YES」が少なくなるのかもしれません。

しかし、それは教育者に対して、反抗するのではなく自分の主義主張をきちんと言える、時には教育者の考えに意見してでも自分をアピールするその「人」としての魅力ではないでしょうか。

今、振り返ってみてさまざまな分野で教育者の想像を超えてきた「子ども」というのは、はっきりとした自分の考えを持ち、それを他者に対してもしっかりとアピールできる「子ども」がほとんどだったように思います。

「ＹＥＳマン」はそれなりに手もかからず、話もしやすいかもしれません。また、見栄えもいいし、扱いもラクかもしれません。しかし私の思う「人」としての魅力には欠けることが多かったように思います。

現に、私がこれまで指導してきたなかでも、ＹＥＳマンは安心して見ることはできましたが、そこにチャレンジする気持ちと何かを引き起こすパワーはあまり感じられなかったのです。

「子ども」の魅力は、決して教育者がきれいなマントで見せかけるものではない

五十六　「子ども」は未完成

教育者は、なぜか「子ども」の未完成な部分を良くは思っていないように感じます。良くは思わないというか、そんな部分を見ると機嫌が悪くなる教育者をときどき見かけます。どうしてなのでしょうか？

冷静に考えてみれば、未完成な部分があってこそ「子ども」だと思いますし、その部分をいかに完成させていくかが「子ども」の課題であり、教育者の関わるべきところです。だからむしろ、そういう未完成な部分を見ると「どう関わろうか」、「どう成長させていくのか」といったことを少し楽しみながら考えてみるぐらいのゆとりがほしいものです。

それにつけても、「子ども」の成長というのは一筋縄ではいかないし、むしろ素直に成長することのほうが少なく、教育する立場からすればやっかい極まりません。

しかし、「子ども」を育てる教育者というのはそれが本来の仕事だと思います。それを「億劫で、煩わしくて、面倒極まりない」と考える教育者は「子ども」を育てるのには向いていないのではないでしょうか。

これからの「子ども」を教育する世界は、ますます混沌としてきます。「子ども」の様子をじっくり見られるようなゆとりはなくなるかもしれません。

そうなれば、「人」として未完成な部分が多い「子ども」ほど切り捨てられ、その場の状況でうまく対応して、器用で要領よくこなす「子ども」が良しとされるようになるのではないかと少し危惧しています。

教育的な指導とは？

この追求がどれだけの教育者で実行され、どれだけの意思で行われるのか。「子ども」の完成された部分に焦点が当たるのではなく、未完成な部分に焦点が当たる教育をぜひ実行してほしいと思っています。

教育は「クリエイティブ」。決して「苦しく」、「辛い」ものではない

五十七　「子ども」の「心の顔」

「子ども」に接する際、教育者はどこ（何）を見て教育すれば良いのでしょうか？　普通はその態度や言動ということになるのでしょうが、私はもうワンランク深く考えて、その態度の奥にある「心の顔」を見る必要があるのではないかと思っています。

確かに「子ども」の行動には、「何となく」とか「何も考えず」というものが多いですが、それでも、そこに行き着くまでには何らかの「心の顔」があるはずです。

その行いがたとえ正しくなくても、また、教育者の期待にそぐわない結果だったとしても、まずはなぜそうなったのか、そうなってしまった原因は何だったのか？　それを追求する必要があるのです。

ただ、その追求に対して安易に結果を求めてはいけません。「あんなことをしたのはこれが原因かもしれないし、あれが原因かもしれない」、「何も考えていないようだがなぜそういう行動になるのか」、「これだけ言ってできないのは何か伝え方に問題があるのではないか」などなど。

より深く、「子ども」の態度や発した言葉に教育者なりの課題を見つけ、それを追求することが大切です。そして、その課題を解決するためには「子どもの心の顔」が正しく見えていなければいけないのです。

何が正しくて、何がそうでないかは、教育者一人一人で違うだろうし、場面場面で変わってくると思います。しかし、その一つの基準をあえて言うなら、教育者が課題を解決するために教育したときに、その「子ども」の態度が強制ではなく自然と良くなった場合は、「その判断は正しかった」と言えるのだと思います。

「心の顔」を見た教育は、わくわく感に満ちあふれます

五十八　「見極めよう」とする傲慢さ　「寄り添おう」とする丁寧さ

教育者が「子ども」に対してどういうスタンスで臨むのがより良いかを考えたとき、どうしても「この子どもはどんな人物なんだ」とその子を見極めようとしがちです。

確かに当初はそういう見極めも必要かもしれませんが、最後までそれを基本とした教育はあまりにも傲慢で、やがて教育者主体の教育に陥る可能性が高いように思います。

私は、これからの教育者は早い段階で「寄り添う」教育に切り替えるべきだと考えています。つまり、「どんな人物なんだ」ではなく、「どこを向いているのか」をより見ていく必要があるということです。そのために、「寄り添う」態度が必要となってくるのです。

ここで大切なことは、「近寄る」、「近づく」ではなく、「寄り添う」。本当にその「子ども」に寄り添えたかどうかは、強制的、義務的ではなく、自然と相手の心がこちらを向いているかどうかで確認します。「子ども」の心の向きはなかなか目には見えませんが、「子ども」の言葉と態度で判断して確認するのです。その確認を誤ると元も子もないのですが、そこは教育者のプロとして謙虚に判断しなければいけないところです。

しかし、ひとたび「寄り添う」関係ができたときには、その教育は非常にスムーズに進み、「子ども」の成長が間近に感じられる光景に出会えるはずです。そんなときが「人」を育てるという生業に「責任」と「誇り」を感じる一瞬でもあります。

ただ、「寄り添う」という関わりは、そう簡単なものではありません。当然、教育者側ばかりがその気になっていても、「子ども」がそう受け止めていなければ成立しません。

だから、絶えず「子ども」の様子の変化を感じ取り、見守る姿勢が問われるのです。

これからの特に若い教育者の人たちには、この本当の「寄り添う」関係を「子ども」との間で築き、「子ども」を立派な「人」に育ててほしいと思います。


これからの教育者は謙虚に「子ども」側に立って、関われる実力が必須

五十九　「子ども」の想いとの温度差

教育しているとき、「子どもの想いの温度」を感じたことがあるでしょうか？

それがある人は、そのときに教育者としての自分の想いと、そのときの「子ども」の想いとの温度差を考えて教育したことがあるでしょうか？

残念なことに、たとえその温度差を感じていても、「子ども」を自分の温度に近づけてしまおうとする教育場面に出くわすことがときどきあります。

お互いの温度差が大きいと教育はできないし、教育者の温度に近づけたところで「子ども」にすれば、しょせん、他人によってつくられた温度ということになります。この温度では、「子ども」の本来の力を発揮させることは難しいでしょう。

教育者のなかには、この温度差を無視して自分の温度に合わせるのが「子ども」のため、「子ども」はしょせん低い温度でしか判断したり、行動することはできないのだから、教育者が熱くさせるのが正しい教育だと言わんばかりに自分の教育を展開する人がいて、見ていて何とも危なっかしい気持ちになることがあります。

「良き教育者」は絶対に自らの教育を勘違いしてはいけないと思っています。私は、自らの教育の姿を常に謙虚に見つめ、対象の「子ども」の変化を的確に捉えられないと「良き教育者」にはならないと思っています。

「子ども」の温度を感じることや、その言動を的確に捉えるのは決してたやすいことではありませんが、ここが教育者としての勝負のしどころです。「子ども」との温度差を初めから気にもせず、気にする理由も持たず、自分は「熱い」と勝手に思い込んで、「子ども」をその温度に合わせることを良しとする教育者にはならないでほしいと願うばかりです。

教育者はさまざまな「教育の温度」を感じ取りながら教育せよ！

六十　間違った意欲の生かし方

意欲を持たせ、それを高めることは「子ども」を教育する上では大切なことですが、なかにはその意欲の生かし方を間違って指導している人を見かけます。

「子ども」があまりそのことに興味を示していないのに「意欲がないから取り組みが甘くなる。まずは意欲を持って取り組もう」などと教育者が決めつけてしまうパターンです。

そもそも「意欲」とはどんなときに出るものか、よく考えてみてください。少なくともまったく興味がなかったり、まったく好きでもないものに「意欲」が湧いたりするでしょうか。なのに、有無を言わさずまず「意欲」という二文字を突きつけるのです。

何もないところからいきなり意欲は生まれません。とにかく「意欲」を持つのは良いことだからまず持ちましょう（持ちなさい）となると、そんな教育を受けた「子ども」はたまったものではありません。

しかし、「子ども」は教育者から「意欲を持つことは良いことだ」と言われると、自身がそれをどう思うかよりもその教育者の言葉を信じて「仮想意欲」を発揮しようとするのです。

ただ、「仮想」だから何が自分の意欲なのかはわかりません。わからないから適当に教育者に言われるがままの「仮想意欲」の演技を始めます。仮想で演技だから、その真意はすぐにバレます。バレると当然、怒られます。「子ども」は、次は怒られまいとさらに「仮想」と「演技」の上塗りを重ねていくのです。

こうして、「つくられた意欲（仮想意欲）」が完成していきます。ある程度上塗りの回数を重ねるとかなり完成されたものになりますが、しょせんはつくられたもの。ことという大きな力を発揮しなければならないときには必ずボロがでます。

本当の「意欲」とは何か、ちょっとやそっとでは揺るがない「意欲」、そんなたくましい姿を見せる「子ども」をぜひ育ててください。それが必ずやたくましい「人」へと成長するのですから。


何でもかんでも前を向いて歩かせれば良いものではない。

ちゃんと地に足が着いて、しっかり地面を踏みしめているかの確認が必要だ！

第三章　「教育」の具体的な取り組み

六十一　「人」としての「自然治癒力」を生かした教育

「自然治癒力」という言葉は、怪我や病気の世界で使われる言葉ですが、私は「人」を育てる世界にもあてはまることがあると思っています。

つまり、自分が失敗したとき、困難な局面に出くわしたとき、思うように事が進まなかったときなど、「子ども」は多少、心に傷を負います。

そんなとき、ある教育者は「かわいそう」とばかりに必死でその傷を癒やそうと声をかけたり、直接手を差し伸べたりします。

しかし、私は「子ども」を育てるとき、そうした行動が本当に適切なのか疑問に感じるときがあります。

私はそこは、まず「見守る」ことだと考えます。

そうすると、それがこちらの思い過ごしだったり、時にはこちらが予想もしなかったような思いもよらぬ力を発揮して、いとも簡単に（見かけ上だけかもしれませんが）その課題をクリアしていく子どもの姿に出会うことがあったのです。

つまり、「子ども」にも、その大小はあるにせよ、自らの心の傷を癒やし、修復させる「自然治癒力」が備わっているのではないかと感じています。少しずつたくましくなっていく姿を見て、「子どもを育てる（見守る）仕事は奥が深い」と心のなかで呟いているのです。

「生き物」には本来、自らを守り、より良く生きる本能が備わっている

六十二　理屈より感性を磨け

「子どもの教育者」は、えてして「理屈」で「子ども」と関わろうとする人が多いように思います。相手を説得するには教育する側に確固たる理由が必要ですし、それを伝えるだけの意気込み的なものも必要です。

ただ、これに固執し過ぎると屁理屈になったり、自分だけの世界で事を進めてしまう結果にもなりかねません。

教育するツールとして「理屈」も大切ですが、私はそれ以上に、教育者たるもの「感性」を磨くべきだと思っています。

「子ども」の一つ一つの態度や言葉、その表情や仕草、その裏には必ず子どもの想いがあります。たとえ何の変化も感じられなかったとしても、よくよく考えてみるとそれが後々、大きな想いの表現だったとわかることもあります。

教育者は、表に出てくる子どもの表現だけではなく、その裏に隠れた想いを読み取らなければ間違った教育になることが多々あるのです。

理屈ですぐに片付けようとせず、なぜ、「子ども」はその言葉を発したのかなぜそういう態度に出たのか、こちらの感性を磨いて「子ども」の本当の姿をとらえなければいけません。

そうして、こちらの感性の高い対応をしたときほど、そのときの「子ども」の表情や態度は驚くほど素直になります。

なかなか、困難なことかもしれませんが、「理屈より感性を磨け」。「子ども」を教育する人たちはぜひ心にとめてください。

「理屈」と「感性」、より捉えにくいものに挑戦することが、教育の醍醐味である

六十三　「子ども」発信の教育

「子どもを教育する」というと、どうしても教育者発信で事が進んでいくイメージがあると思います。例えば、「この子は教えてあげないと育たない」とか「教えてあげたからこの子は育った」という具合です。

確かにそういう部分はあるかもしれません。しかし、これではその教育の結果に影響を与えているのは、しょせんその教育者一人の世界の範囲です。

私は常々「子ども」の考える世界というのはとてつもなく広大だと思っています。そんな広大な世界をたかが一教育者の世界だけで教育して良いものなのか？　とても疑問に思います。

「子どもの世界より、教育者の大人の世界のほうが大きいに決まっているだろう」と思う人も多いかもしれません。しかし、「自分の世界だけで教育しなくて良かった」と思うこ

とが、私の教育者人生のなかでみても多くなってきているのです。

今、私は実感として、「子ども」の力にはあまりあるものがあると思っています。そして、「子どもってすごいなぁ」と心から感心させられているのです。

あなたはそんな「子ども」の力を感じて教育できているでしょうか？

本来の「子ども」のそうした力を発揮させるには、それなりの苦労があります。「早く出てこい、早く出てこい」と手をこまねいていても出るものではありません。しかし、そんな「子ども」のとてつもない力を少しこちらが関わることで発揮されたときには、身震いするような感覚さえ覚えることも多々あるのです。

それには、「『子ども』発信」が基本です。

ならば、「『子ども』発信」ができるようにするにはどうしたらいいか？

ここは、さまざまな教育者のアイディアと意気込みでその成果を発揮してもらいたいところですが、私から言えることは、「『子ども』発信」を促すためには、まず教育者が「我慢」することだと思います。

そして、「子ども」の課題を教育者が一緒になってとことんまで「追求」できるかではないでしょうか。ぜひ、多くの教育者に「『子ども』発信」の教育で身震いする体験をしてほしいものです。

「子ども」の発信力は、その教育的刺激の良し悪しで決まる

六十四　スーパールーキーに負けない上級生の育成

いろいろな学生運動競技を見ていて、ときどき「スーパールーキー」が活躍するシーンに出会うときがあります。そのとき、マスコミはこぞって「ヒーロー」的な取り扱いをし、それを見ている視聴者や読者は心躍らされているのかもしれません。

しかし、私はこういうシーンに出会っても、どうもその結果に興味がわかず、心も躍ることがないのです。そのスーパールーキーに代わるメンバーの人数が足りないとか、そこにはどうしようもない理由があっての起用があるのかもしれませんが、それに代わる上級生や最上級生がいるのであれば、その人たちにどうして日の目が当たらなかったのだろうか？　日の目が当たるような支援がなぜできなかったのだろうかと考えてしまうのです。

「職人的な指導」をしていて、勝負の厳しさが増せば増すほどそんな甘い考えは通用しないのかもしれませんが、少なくとも「教育的な指導」が大切だと思っている私の教育のレベルでは、これはあり得ないことなのです。

そういう私も、「勝負の世界は厳しい。努力したからと言って必ず結果が出るわけではないのだから、チームのためには力を持った者が選ばれるべきだ」と考え、スーパールーキーを優先して試合に出場させていた時期がありました。

ところが、そういうことを続けていると、もともと力が十分でない三年生がどんどん伸びなくなっていったのです。そんなとき、ふと思いました。上級生はスーパールーキーが入ってくれば「勝てっこないよな」と感じることはないだろうかと。

そのときから「スーパールーキーに負けない上級生を育てよう」と心に決めたのです。

とは言いながら、それはそんなに簡単なことではありません。上級生のすべてが思うような成果を出せるわけでもありません。

しかし、私は諦めずにその教育を続けました。まだまだ満足するまでには至りませんが、それでも以前と比べれば上級生のなかにそれなりのプライドが芽生え始め、結果につながる努力をする「子ども」が増えたように感じています。

「いくらスーパーでも入部したての一年生に勝てなくてどうする、努力は裏切らないはずだ」と子どもや自分に言い聞かせながら日々教育しています。

スーパールーキーを育てるコツは、スーパー上級生を育てることなり

六十五　教育の世界は結果が出たからそれで良いというものではない

「終わりよければすべてよし」という諺にあるように、世の中の出来事で「なんやかんや言って最終的に結果が良ければそれでいいじゃないか」と言われることは多いと思いますが、こと教育の世界においてはそうはいかないことが結構あると思っています。

例えば、ある「子ども」の「テストの点数がいつになく良かった」とします。「良ければそれに越したことはないじゃないか」と思いがちですが、教育の世界での教育者は「なぜ良かったのか」を探ります。

純粋に「このままではだめだ」と本人が一念発起してテスト勉強を頑張ったからなのか、

友人から「今度のテストでどちらが得点を多く取れるか競争しよう」と言われて頑張ったからなのか、好きな人に「頑張って」と言われたからなのか、家族に「今度テストの点数良かったらこれ買ってあげる」と言われて頑張ったからなのか、いろいろなことがあり得るからです。

教育者というのは、常に子どものそのときの心理状態というものをある程度つかんでおく必要があります。

今は、目標に向けて頑張ろうとしているのか、頑張っていたけれど挫折しかけているのか、気分的に乗っているのか落ち込んでいるのか、何の変化もなくただ普通なのか。

教育者はより効果的な教育ができるように、そのときの心理状態で対応を変えていかなくてはいけないからです。少なくとも「結果が出ればそれでいいでしょ」的な雑な対応では、いつまでたっても子どもに寄り添うことはできません。

良き教育者は一つの結果を次の教育に活かせるかで決まる

六十六　学びに向かう「子ども」の姿勢

教育者のあなたが「子ども」と向き合ったとき、その「子ども」はどこを向いて進もうとしていますか？

こうした感覚を「子ども」一人一人に対して感じ取ることができているでしょうか。私は教育者としてこれが感じ取れるか否かが、その教育の質を分ける大きな分かれ目だと考えています。

「子ども」の教育で大事なことは、一人一人を課題や目標に対してどう向き合わせるか。これは教師であれば各教科や部活動であり、一般的な教育者であればその活動中に、まず目標をどこに定めているのか。それが定まっていれば、「子ども」はどう取り組んでいるのか。その取り組みが前向きなのか、横向きなのか、後ろ向きなのか。それぞれによっても教育者側からの働きかけは当然変わってきます。

前向きに取り組めているときは特に関わらず見守る姿勢で大丈夫ですが、横向きや後ろ向き、下手をするとその場でしゃがみ込んでいる場合は、何らかの働きかけが必要となります。

ここでどんな働きかけをすればいいかは、その場の「子ども」の様子や状態、反応などでその状況をつかんだ感覚に応じて対応しますが、このとき、教育者側の意見や思いを、たとえアドバイス的にでも押しつけたり、ましてや強制したりしては決していけません。「子ども」の主張を尊重しつつ、今ある状況のなかでその「子ども」にとって「人」として成長するため、どんな方法が適切なのか、どのようにしたほうがより取り組みやすくなるのかを丁寧にアドバイスすることが大切です。

教育者は、その場で最善な方法をあらゆる情報をもとに判断しなければなりませんから、ある意味大変です。適当にもっともらしいその場逃れのことを言って、その教育が成り立つのなら苦労はしないのですが、当然そうはいきません。

いつも適切とはいかないながらも、そのときそのときである程度の成果をあげ、それを繰り返していくことで教育力は磨かれていくのです。

ぜひ、一人でも多くの教育者が「子ども」の向かっていく方向を適切に感じ取り、一人一人の対応を丁寧にできるようになることを期待しています。

「子ども」の心の向きが適切に見えれば、その教育は八割方成功です

六十七　「人が自ら育つプロ」

教育者にはさまざまな教育パターンがあるでしょうが、とりわけ「子ども」を教育する教育者は、「ものを教える」のではなく「人が自ら育つ」教育者であるべきです。

たとえ学習塾の教育者でも、知識だけ身につけさせようとしてもおそらく無理が生じるに違いありません。その人となりを見ながらまずは「学ぶべき姿勢」を身につけさせ、自分がなぜ学ぶのか、学ぶことで何を得ようとするのか、「人」としての思考と理解する「心」を育てない限りは、身につくものも身につかないと思っています。

少年・少女の運動クラブや文化クラブなら、なおのことです。「子ども」とは、自分の力をどう出せばいいかなんてことはなかなか理解できていません。もし、それが理解できていたとしても、それは自分の意思ではないものが多いはずです。

人によっては強制的、もしくはしつけ的な考えとして、「『子ども』の教育には必要だ」

という人もいるかもしれません。そうすることで後から「人」の部分が育つことはあるかもしれませんが、それは自分の心から出たものではなく、あくまでも「つくられたもの」なのです。

トップアスリートならそれでいいかもしれません。しかし、一般的な教育の世界においては、その本人自身のオリジナリティを生かした育て方がとても大切だと思います。

それでも「子ども」は「教えてナンボ」「基本の型を鵜呑みにさせてナンボ」という人もいるでしょう。はっきり言ってそれを100％否定する根拠は私にはありません。

私は、これからの「子ども」の教育者は「ものを教える」ことより「人として育つことに関わる」ことのほうが必ずや大切になると確信しているのです。

なぜなら、将来の社会が求める「人間像」がそうだからです。それは、教育の基本となる学習指導要領にも掲げられています。つまり、「知識豊富な人間」よりも「人として創造力を発揮する人間」が必要とされるということです。

教育者の言う通りにして結果を出す子どもはいるでしょう。しかし、その結果を出した努力は果たして将来役に立つのでしょうか？　より深く考えてみたいものです。

「子ども」を育てるとは、「人」の完成品を創るのではなく、
「人」になろうとするアプローチを手助けすることである

六十八　集団を生かすには個人をどう生かすかにかかっている

よく集団的なスポーツを教育する教育者がチーム力を高めるために、「みんなで協力してチーム力を高めよう」的な教育をしている場面を見かけます。しかし、この指導が本当にチーム力を高めることになるのだろうかとふと考えることがあります。

これは競技スポーツの世界だけでなく、普段の生活のなかでの集団を考えてみても、「みんなで頑張る」というニュアンスが必ずその集団の力を高めるとは思わないのです。

ならばどう考えるのかというと、まずは集団のなかの一人一人が責任を持って自立することが大切ではないでしょうか。「みんなで頑張る」という指導は、言葉の「見栄え」は良いかもしれませんが、下手をすると「私にはできないことがあるかもしれないけどそれはお互い様なのでその都度カバーし合いましょう」というようなニュアンスが見え隠れす

るのです。

しかし、私の経験上、そういうことを言ったり、考えたりする人に限って、「他人の困っているときに助けてあげられている確率は低い」ように思います。

つまり、「助けてあげる」感覚より「助けてほしい」感覚のほうが強い人ほど「みんなで頑張ろう」感が強いのではないかと思うのです。

もし、「みんなで頑張る」という考えがまかり通るなら、「勝負」という厳しい場面で心からその相手を信頼できるでしょうか。

もちろん、「集団」のなかで一人一人が自立し、責任を持った行動ができたとしても失敗や間違いをすることはあります。しかし、そこではじめてお互いをカバーすればいいのではないでしょうか。それこそが質の高いチームをつくり上げていく有り様だと私は思っています。

まずは、教育者自身が自らの責任を果たし、「集団」の力を高める手立てを考えてください。そして、そのなかで感じたことや考えたことを「子ども」に伝え、「他人にもたれかかる」のではなく、「個人が自立」したチーム、「個人の大切さ」が実感できるチームづくりを目指してほしいと思います。

自立した個人の集団には自ずと相乗効果が生まれ、大記録を打ち立てる可能性が高まる

六十九　「子ども」が育つ基本は「責任を持たせる」ことにある

教育者のみな様は、「子どもが育つ」基本はどこにあると思っているでしょうか。私はいろいろな指標があるなかで「責任を持たせること」という一つの指標が基本にあると確信しています。

そこでは「責任の持たせ方」というのが非常に大切になるのですが、当然何でもかんでも「あなたの責任ですよ」というのは「育つ」ことにはつながりません。

例えば、係活動をさせるとき、あなたは係活動の何に教育的価値を求めるでしょうか。

①最初から「やること」を提示し、それを「子ども」にやらせてそれができているかどうかを見ながら教育する。

②あらかじめ、「子ども」と相談をしてやることを決めてから「子ども」自身に取り組ませる。

③「子ども」にどう取り組みたいかを聞き、そのために「子ども」ができることとできないことを確認した上で、「子ども」だけではできないことにどう取り組むか「子ども」の意見を聞き、指導者の関わり方を考える。

どれも見かけは「子ども」が自分でやっています。しかし、本当の意味で「育つ」ということは、③の教育になるのだろうと考えます。

しかし、もともと「子ども」との関わり方を勘違いしていたり、間違っている教育者は、①や②の教育を行うことが十分に考えられますが、私は①や②では「子ども」に責任を持たせたことにはならないと思っています。

教育する際、どこまで「子ども」に責任を持たせるか、その程度が高すぎると「効果」は上がりません。「持たせている気になって実際は持っていない」のも「子ども」は育っていきません。

前述で③が正解のような例を挙げましたが、あくまでもこれは一例です。まだまだそのパターンは多岐にわたり、さらに多くの教育者が「育つ」ことを追求していけばもっともっと良い教育のパターンが出てくるはずです。

私は、「教育」できる教育者は責任の持たせ方がうまい人を言うのだと思います。改めて自らの教育が本当に「子ども」が育つことにつながっているか、見直してみてはどうでしょうか。

「子ども」に責任を持たせるときは、責任を果たせた「子ども」の笑顔を想像すべし

七十　「厳しい教育」の必要性

私は、「子ども」が成長する過程で「厳しい」教育は不可欠だと考えています。ただし、「厳しい教育」という捉え方は、私が教師になった三十数年前と比べて明らかに変化しています。

昔の「厳しい」というのは、まさしく「上からの押さえつけ」や「教育者の言うことを聞かせる」ことで、それは時に「体罰」がその象徴的な手段として捉えられていた時代がありました。

しかし、その当時でさえ、この教育法は一つ間違えば、「子ども」の心を傷つけ、指導後に良い方向に導けなかったことがあったのも事実です。まして、今の時代にあっては、この教育方法を肯定する人はまずいないと思います。

ならば、そんな時代のなかでいかにして「厳しい教育」をすることができるのか。私はそのキーワードとなるのが「責任を持たせること」だと思っています。

例えば、「宿題を提出すること」というのは他の誰でもない自分のために実行することです。提出するべきときに「忘れました」といろいろな理由をつけて提出しなかったとき、どのような支援をするのでしょうか。

少なくとも、「仕方ないですねぇ。次からは気をつけなさいよ」と安易に「提出しなければならない」という「本人の責任」を教育者自らが回避させてしまうといったことはまずないと思いますが、だからといって「何を考えているんだ!」とか「そんなだらしないことをしていると成績が伸びないでしょ!」と頭ごなしに叱りつけて、「明日、倍の量をしてきて提出しなさい」という「罰方式」のやり方をするのも問題があります。

ならばどうすればいいのか?

まずは、なぜ提出できなかったのか、そこに本人なりにどういう思いのなかでこうなってしまったのかを考え自覚させることが必要です。

そんなとき「え〜、よくわかりません」とか「やろうとは思っていたんです」といった言い訳や言い逃れを言おうものなら徹底して（口調は穏やかに）その原因を自分の問題としてしっかり考えられるまで教育者は引き下がってはいけません。

その上で、それなりに自覚した原因が導き出せ、次の具体的な行動が決められたなら、今度はそれが実行に移せるかを見極めます。

これも実行できるまで見守り続けるのですが、こうして、「子ども」に責任を持たせ、その責任は必ず自分の力で果たせるように根気強く見守るのです。これが、現代版「厳しい教育」に繋がると私は考えています。

これは、ある意味根気比べです。「子ども」に厳しさを要求する以上、教育者も自らに厳しさを求めなければならないのも覚悟するべきです。

「子ども」にとって教育の厳しさは、次のステップへの糧にならなければいけない

七十一　底力を出す教育

「底力」という言葉はさまざまな場面でよく使われる言葉ですが、その実態はなかなかはっきりしません。しかし、「子ども」を教育していて、予想もしない好結果を生む場面に出会うたびに、「これが子どもの底力か」と思うことはよくありました。

しかし、よくよく考えてみると、その力を強く感じたときというのは、その結果が出たときだけではなく、取り組む姿勢だったり、発言だったり、行動だったりが何か関連しているように思うのです。

「子ども」は、そもそも大人に比べてさまざまな力の伸びしろが大きいはずです。それだけに底力を出したときの、その想像以上の大きさには驚かされることがたびたびです。

しかし、当然のことながら、この底力は何もせずして発揮されるものではありません。たまたまということはあるかもしれませんが、それでも必要なときに出せたほうが教育者としては冥利に尽きるというものです。

この底力を出すための第一歩は、「子ども」自身が主体性を持ってその事柄に取り組まなければならないということです。もし、やらされ半分で結果が出たとしても、それはあくまで「子ども」の力の一部に過ぎません。

教育者のなかには、「強制的な教育をすることによって、その『子ども』の力に気づかせる」と豪語している人を見かけますが、これは教育者の傲慢な考え方ではないでしょうか。

私は、長年「子ども」の教育をしてきて、「子ども」が主体性を持って取り組んだときの結果には、正しく想像を絶するものがありました。それは、陸上競技の大会で男子の砲丸投げで全中チャンピオンになったときもそう、女子の走り幅跳びで近畿大会一位、二位を独占したときもそう、何よりも、全中陸上競技大会に出場したすべての「子ども」がその出場資格を得たときの瞬間は、すべてこちらが驚かされるような底力を見せられたことばかりでした。

しかし、その「子ども」たちに何か特別な教育をしたかというと、正直その「子ども」たちに特別なことをした思いはありません。他の「子ども」たちと同じように、主体性を大切にしながら教育することが基本でした。

私の今があるのも、その教育の「主体度」が年々高まり、決して「怒鳴り散らして」、「強制的にさせた」ものではないという自負によります。

今でも、「底力」とは何か？と問われたら、はっきりとした答えはありませんが、おぼろげに「子ども」の大きな変化に繋がる何気ない取り組みの結果だと答えます。

大切なのは、「子ども」に主体性を持たせながら、どのタイミングでどんな関わりをすれば「子ども」自身が今まで以上に真剣に取り組めるのか。教育者はそのチャンスを見逃さず、関わることができれば、かなりの「底力」に出会えると思います。ぜひ、その瞬間を味わってください。

「子ども」は自ら、「底力を発揮するドラマ」の脚本を描く力を持ち合わせている

七十二　若い教育者の条件

私は常々、「若い教育者」のより良い条件とは、

「そんなに尊敬はできないけれどいつも一緒に、笑ってくれたり、悩んでくれたり、泣いてくれたり、本当に悪いことをしたときには真剣に叱ってくれる存在であること」

ではないかと思っています。

「子どもの教育者」という仕事は、「子ども」から見れば、教育者になって一日目でもベテラン教育者でも同じ「教育者」です。こちら側にいくら経験がないからと言って「子ども」に対しての対応が大きく違ってはいけないという厳しい条件がある立場です。

そんな、若い教育者によく聞くことがあります。

「あなたはベテランの教育者と比べて、『子ども』に対して何を持って同じような価値の教育が提供できますか」

答えはそのときどきでまちまちですが、

「そんなの無理に決まっている」

といった答えにはすかさず、

「子どもはそれで本当に納得しますか」

とさらに問いかけます。

厳しいようですが、「子どもは教育者を選べません」。楽しく、充実したその場での生活を送りたいと意気込んでさまざまな要求をしてくる子どもに、「私はあまり経験がないので我慢してね」とは言えないはずです。

もし、それが当たり前だと思う人がいたとしたら、「教育者」としての本当の素晴らしさは経験できないかもしれません。

若い教育者には、ぜひ希望を持って元気で明るく「子ども」の前に立ってもらいたいと思います。

ベテランの教育者は最初に述べたような「若い教育者の条件」と同じことをやると、「子ども」には軽々しくとらえられてしまうのです。

そういう意味ではこれは若い教育者にとっての特権です。ぜひ頑張ってください。

若い教育者には若い教育者なりの特権がある

七十三　オリジナルに動け

「子ども」の教育者というのは、「人」は正しい王道をいかなければいけないと考えている人が多いように感じます。仕事の内容上、そう考えざるを得ないところがあるのは事実ですが、子どもの前に立ったとき、子どもから何らかの興味を持って見てもらえないようではその教育に効果は望めません。

私は常々、自分が「教育者」である以上、相手がどういう対象の人であろうと、「自分に興味がない人の前ではしゃべってはならない」ぐらいの覚悟が必要だと考えています。

つまり、日頃から相手（子ども）に「何らかの興味を持ってもらえる取り組み」が必要なのです。

「今日はどんなことを教えてもらえるのだろう」

「今日はどんなことをしゃべってくれるんだろう」

そんな表情が相手から感じられたとき、その先の時間は大変充実したものになります。

そのためには、「子ども」に対しても通り一遍なことをしていては興味を持たれることはありません。かといって、他の人と比べて変わったことをすればそれでいいというものでもありません。

まさしく、オリジナルな動き、取り組みが必要となってくるのです。「オリジナルに考えて、オリジナルに動け」です。

自分の考えたオリジナルで子どもの前で勝負したとき、子どもの表情が生き生きとして笑顔で満たされていれば、それは間違いなく自分のオリジナルが教育的に発揮された証拠だといえます。

ぜひ、一人でも多くの教育者が「子ども」から興味を持たれる存在となって活躍してほしいものだと思います。

オリジナルな考えのなかにこそ、「子ども」が育つヒントがある

七十四　仕掛ける教育

「人を育てるプロ」としては、その教育には仕掛けがなくてはいけません。「子ども」の前で「種明かし」をする必要はありませんが、表向きは何気ない教育でも、その裏では教育する側がそれなりの想いを持っていなければいけないと思います。

つまり、すべてが思いつきやその場の感情だけで教育していては「子ども」はまともに育っていきません。

「仕掛ける」という言葉は「相手をだます」的な感覚を持ってしまうかもしれません。また、見え透いた小手先の手段と捉える人もいるかもしれません。しかし、あえて意識をして仕掛けたことが良い結果をもたらさないようでは「人」を育てるプロとしては失格なのではないでしょうか。

当然、それらがすべて思い通りにいくとは限りません。ですが、自分の思いつきや感情だけで教育している間は、教育者としての力量も成長しないのです。

見守る教育も大切です。しかし、見守ってばかりでは教育にはなりません。やはりその子どもを見守りつつ、どこでどう仕掛けていくかを絶えず探る必要があると思います。そして、仕掛けた結果、うまくいかなかった場合はまた新たな仕掛けを考えます。

仕掛けを考えるときの基本は、その「子ども」の理想の姿とその手立てをいつも考えておくことです。自分のなかで考えられるだけのパターンを想像し、どのパターンで仕掛けるのか。一人一人子どもの状態に応じて対応させていくことが大切だと思います。

教育は「熟成」と「変化」の繰り返し
見守ることで「熟成」し、仕掛けることで「変化」させる

七十五　良き教育者とは「子ども」の責任にしない

教育者のなかで日頃から何かにつけて「子ども」のせいにする人をよく見かけますが、私なんかは「おいしいところを無駄にしてるなぁ」と感じてしまいます。教育する醍醐味はその「子ども」と関わってナンボ。困難な教育ほどやりがいのあるものです。当然、それがうまくいったときの成就感は何とも言えません。だから、「もったいないなぁ」と思うのです。ちなみに、「成就感」とは教育界隈でよく使われる言葉で、「達成感」と同じような意味です。

さて、教育がうまくいかず、それを「子ども」のせいにすることは簡単なことですが、そこからはお互いに何も生まれません。そんなことを繰り返していても、将来教育的に何のやりがいも感じることができなくなるだけです。

確かに、誰がどう見ても「『子ども』のせいでしょう」ということがあるかもしれません。そんなとき、あなたはやはり「子ども」のせいにしてしまうでしょうか。そこで少し、教育者自身がチャレンジしてみてはどうでしょうか。

つまり、「子どもが悪い」ではなく「なぜ子どもは悪いことをするんだ」と考えてみるのです。良き教育者ならあえてそこで自分自身に問い質してほしいのです。

教育者とは、「すべての子ども」に対して成長を見守ることが基本です。ですから、みんなが必ず成功するものではありませんし、もしかすると失敗が重なるかもしれません。しかし、教育者として本当のやりがいを感じるためにはあえて必要な考え方だと思います。

中学生ぐらいになると、教育者の言うことを聞かない「子ども」は、「どうせまた同じ扱いを受けるんだろう」と半ば開き直っています。そんな「子ども」にこそ光が当てられる教育者を目指してほしいのです。

そのためには、できない責任を「子ども」に持って行かないということです。どこまでそれが追求できるか、ここは「子ども」とではなく「教育者自身」との勝負になるのかもしれません。

良き教育者は自分の教育した結果のすべてを受け入れる覚悟を持て！

七十六　「得体の知れない宇宙人」

「人」になる前の「子ども」は、ある意味「宇宙人（得体の知れないもの）」かもしれません。どんな「子ども」でも、時としてとんでもない行動や言動を表に出してくるのです。そのとき、教育者はその「得体の知れなさ」を痛感します。

しかし、そんな場面でこそ教育者の本領発揮です。まずは「得体が知れない」どの部分から攻めるのか？　思案をしながら先の見通しを立てて少しずつ手探りしながら、見守ります。

その後、様子を見ながら何とかこちらの教育に引っかかりそうな気配を感じたら、すかさず次の策を打ちます。

そんなことを何回か繰り返していくうちに少しずつ「子ども」が「人」へと変化していくのです。

しかし、この「得体の知れない」ことを「無理だ」とか「本人の問題だ」とか「やってられるか」と思った段階で、「育てる」作業は打ち止めです。その「子ども」に対して「教育の白旗」を上げたことと同じになります。

「得体が知れない」というのは、先が見えないことです。先が見えない上に当初は思うようにならないので、そのストレスが尋常ではありません。こういう状態が教育者の平常心を乱し、通常の判断ができないことにつながっていきます。

ただ、「子ども」の「得体が知れない」のは当たり前です。

「人」という生き物になるためにはある程度の修行が必要です。そして、「子ども」と呼ばれる間の修行の最たるものが「義務教育」です。

だから、この教育が間違っていると、とんでもないことになります。それはもしかすると「人」には値しないものになってしまうかもしれません。それぐらい「義務教育」は「子ども」にとっては貴重で大切なものなのです。

私たちは、その貴重な行いに携わっています。ですから、もっとその深さを追求しなければなりません。

私も振り返ってみれば、この世界で携わってきて大変なことのほうが多かったかもしれません。しかし、数こそ少ないながら非常に魅力的な世界も体験し、その大変さを上回って心のなかに残っています。

誰しもそう簡単にその魅力を感じることはできないかもしれませんが、一度その世界の魅力を体験するとその後、その世界からは抜け出せない何かを感じ取れるのもまた事実だと思います。

「人」という生き物の魅力はとてつもないと思って間違いないです

七十七　なぜ勝てないのか?

「人」は生きていく上で、何度となく「勝負」しなければならないことがあります。そのすべてに勝てないとダメなんてことは思いませんが、負けてばっかりでいいとも思いません。つまり、負けないためにはどうするのか。そこを追求する必要があるのです。

しかし、それを追求しようとすると、さまざまな壁に必ずぶつかります。勝負するものの大きさや中身の重たさによって、その壁の形は千差万別ですが、その形がいかなる物であろうと、「最初から抜け道を探して勝負しない」というのはどうかと思います。

確かに、時にはさまざまな事情で勝負しなくてもよかったり、勝負できないこともあるかもしれませんが、原則的には何事も前向きに取り組むたくましさがほしいものです。なぜ、そういうことを言うかというと、「何事も正面から取り組んでみないとその本質はわからない」からです。たとえ、抜け道が見つかってうまく通り抜けられたとしても、後には何も残りません。残る物といえば、勝負がまともにできなかった自分への戒めと自分自身への軽い罪悪感ではないでしょうか。こうしたことが繰り返されて、次から「明るく生活しよう」とはおそらく誰も思わないと思います。

自分はどこまで真剣になってその勝負に挑むことができるのか？

「大人」になればなるほど、この勝負へのこだわりはしんどくなっていきます。「子ども」だからこそ、その柔軟な考え、怖い物知らずの大胆さ、難しいことでも頑張ることが大切だという真面目さによって、チャレンジ精神だったり、勝負へのこだわりが身についていくものではないでしょうか。

私は普段の「子ども」の姿を見ていて、「そこまでできるか」とか「その力はどこから出てくるのか」と思うことがよくあります。

ですから、「勝つこと」「負けないこと」へのこだわりは「子ども」のうちに身につけておくべき取り組みの一つではないかと思っています。

自分との勝負は勝てないから負けではない。
真正面から勝ちに行こうとするかが勝負だ！

七十八　教育者はアドバルーンを上げるのが好き

教育者が教育する上で何か事を起こそうとするとき、しばしばその教育方針をアドバルーンに例えるときがあります。

例えば「挨拶のできる子どもを育てましょう」という教育方針を立てた場合、アドバルーンの垂れ幕には大きくその文字が書かれ、周りからはそれがよく見て取れます。

しかし、私がここで首をかしげたくなるのは、「方針」は字を見ればよくわかりますが、「その根もとでそれを実現するために何が行われているのかはっきりとわからないことが多い」ということです。

より問題なのは、教育者自身がその方針を実現するために何をしてよいのか理解できていない場合です。しかも、私がいろいろな教育者を見てきたなかで、このアドバルーンを上げるのが好きな教育者が大変多いことに気づかされます。

ところが、その実現に向けてしっかり根もとから育てようとしている教育者は残念ながら少ないのが現状です。私は、アドバルーンを上げるだけ上げておいてあとは放ったらかし状態という場面をよく見てきました。つまり、アドバルーンを上げただけで教育した気になっている教育者が多いということです。

何をしようとしているのかまったくわからないよりは、アドバルーンの一つでも上げてもらってその意思表示をしてもらったほうが協力もしやすいかもしれません。しかし、肝心なことは、教育者に具体的な動きがない限り、協力やアドバイスのしようもないのです。まさしく、「口先だけの教育」ということになります。「言葉としては良いことを言っているのですが、どう教育したいのか」という実態がないパターンです。これは教育方法としては非常にまずいことになります。

このパターンで教育された場合、「子ども」の「やる気力」はあるが結局、何をして良いのかわからず「不完全燃焼」で終わることが多いということです。

アドバルーンは上げないより上げたほうがいい。しかし、あくまでも上げた以上はその実現のための具体的な教育方法が、その根もとに備わっていることが大切だということをわきまえておく必要があると思います。

教育者は浮き足だって上ばかりを見ず、しっかり地面に足をつけ、子どもの心と向き合うべし

七十九　紙おむつが「子ども」をダメにする？

このタイトルは決して、紙おむつ撲滅運動を推進しているわけではありません。

私が幼少の頃は、今のように「紙おむつ」というようなものは存在しませんでした。そんな私が今から十年ほど前にふと思ったのです。

紙おむつがなかった頃は、赤ちゃんは自分の尿や便を排出すると泣きじゃくりました。それはとても「気持ち悪かった」からだと思います。

しかし、昔のお母さんは忙しく家事に従事していましたので、すぐには対応できません。あるいは、今よりもっと母親に心のゆとりがあって、泣きじゃくる我が子を見てもそんなにすぐにどうこうしようとしなかったのかもしれません。結果的に、泣きじゃくる赤ん坊はしばらくその「気持ち悪さ」を我慢しなければならなかったはずです。

私はこれを「可哀想」とは思わないのです。今のお母さんからすれば「何を愛情のない冷たいことを」と言われるかもしれません。しかし、私はこの体験が「子ども」にとって、とても大切だと思うのです。

なぜなら、泣きじゃくった赤ん坊はすぐにその「気持ち悪さ」から解放されるのでなく、しばらく「我慢」をします。その「我慢」の時間が長ければ、やがて新しい布おむつと交換してもらって、きれいにおしり周りを拭いてもらったときの「気持ちよさ」は倍増したに違いありません。

つまり、この瞬間に「子ども」の心に「愛情」が芽生えるのではないかと考えました。とすれば、最近の紙おむつはどうでしょう?　それは「気持ち悪くならないようにならないように」改良されています。

もちろん、この紙おむつの進化は赤ちゃんの育児に関わる手を大きく軽減させた素晴らしいものです。ただ、その年代に培われるべき大切な感情の一つを育てるチャンスが減っているようにも思います。

結局何が言いたいのかというと、子どもにとって便利なことが、必ずしも子どもの成長に良いことばかりではないということを大人は自覚するべきだと思います。

現に、私だけの感想かもしれませんが、「子ども」という生き物がだんだん我慢できなくなったり、たくましさがなくなったり、自分だけが大事で周りへの思いやりがなくなったりしてきているように思うのです。

今、何か手を打たないと「子ども」がますます「人」としての魅力を失っていく気がしてなりません。

我慢や煩わしさ、面倒臭さをどう体験させるか？　今日の教育の大きな課題です

八十　教育者は審判ではない！

教育者という仕事は、「子ども」に対して一つ一つアウトかセーフかの判断を下す仕事ではありません。しかし、案外自らを冷静に振り返ってみるとそうしてしまっている教育者が多いかもしれません。

「Aさんは○○がダメ、だから結果が出ない」

「Bさんの考えは○○が間違っている」

「Cさんは自分に甘い」

これは、すべて自分の判断で「子ども」を審判している言葉です。

教育者の本来の仕事は、「ダメな○○をどう教育してそのダメを改善するのか」、「○○の間違った考え方をいかに本人に間違いだと気づかせるのか」、「自分に甘い所をどう教育して厳しい道を歩ませるのか」ということです。

ですから、職場でよく交わされる会話で「審判的な会話」が多い場合は、気づいた人でお互い注意を促せるようになればいいと思います。そういうことが自然とできる職場であってほしいと思います。

教育者は、なかなか他の意見を素直に受け入れたがらないという性格の人が多いだけに、自分の方向性を大きく変えていくのは大変苦手な人が多いですが、「子ども」のことを考えると、やはりいつまでも審判役をしていては「子ども」は「人」にはならないのです。

たとえ、審判された「子ども」がこちらを向いているように見えても、それは「人」に対する視線ではなく、飼い主に対する視線だと思います。もう一度、自分の教育が本当に「人」を育てようとしているか考えてみてください。

「人」は審判の判定を受けて成長するものではない

八十一　結果優先教育の弊害

教育界においてよく、その指導者なりの結果を出そうとし過ぎてそのことだけが最優先となり、そのための「手段は問わない」といった光景を見かけることがあります。

私は「もったいないなぁ」と心のなかでいつも呟いています。せっかく、そこまでのこだわりがあって、しかもそのために精一杯の努力を惜しまない態度がありながら、教育という見地から見ると「それを注ぐポイントが少し外れているよなぁ」と思うときがあるのです。

「私が考える方法で関われればもっと効果的に良い結果が出せるのになぁ」と思ってしまいます。

特に気になるのは、言い訳するように教育的なことを後付けしようとすることです。

「昨日、『今度宿題を忘れたら倍返しで提出してもらうよ！』と言ったら案の定、今日は提出したんですよ。やっぱり厳しい教育は必要やねぇ」

「昨日Aさんに、『あんたしか学級委員長になる人はおらへんのやから絶対頼むで』と言ったら、今日元気に手を上げて立候補してくれました。やっぱり励ますことは大切やねぇ」

ごく一般的な二つの例を挙げましたが、この二つの例のなかにどんな教育的価値が含まれているでしょうか？

宿題を忘れる「子ども」というのは、年齢が上がれば上がるほどその改善には時間がかかります。本人と何度も話をしながら、なぜ忘れることがダメなのか、忘れることでその子ども自身がどういう不利益を被るのか、を説き正していかなければいけません。

私の経験から、中学生ぐらいの「子ども」だと一度や二度の指導でその行動は改まりません。かといって、そのタイミングで、

「中学生にもなって何回言えばわかるんや、自分の行動を変える気はないんか！」

と言ったところで「ぬかに釘」、「のれんに腕押し」です。こちらの我慢が必要です。

また、前述の立候補した「子ども」もうまくいっているときは問題ないですが、うまくいかなくなったり、他人から批判を浴びるようになってくると、

「私はなりたくてなったんではない、先生に頼まれたからなったんや」

と言いかねません。そんなときに、

「たとえそれがキッカケとしても、最終的に自分がなったんやから責任を持ってやらなあかん」

と言ったところで、そんなことに納得しないのが「子ども」です。私はこれから先、

「教育は共育」でないといけないと思っています。結果ではなく過程なのです。

「子ども」の日々日常の行動に対して、教育者は教育（共育）的とは何かを絶えず考え、実行しなければいけません。過程を大切にすることは面倒なことです。過程をないがしろ

にしても「結果が出れば誰も文句ないやろう！」は教育（共育）をないがしろにした考えです。

面倒なことかもしれませんが、一人一人の「子ども」に対してしっかり真正面から向き合い、「面倒」を「やりがい」「値打ち」と置き換えられるよう頑張ってほしいと思います。

教育は「結果」が一つのものではなく、
「始動・過程・結果」で一つのものと考えるべきである

八十二　教育者主体の教育はもはや主流ではない

教育者は立場上、教育する側ではありますが、その主体はその集団のほんの一人に過ぎません。私は長年「子ども」の教育をしてきて、「子ども」の考えや行動に「ハッ」と思わされ、自分の考えがいかにちっぽけなものなのかと気づかされることがたびたびありました。これは今、三十七年あまり教育してきてもなお感じることです。

おそらく、私の考えがもともと乏しいものなのだと思いますが、そういう思いを持ち始めてから、「自分の思いがナンボのものなんだ」と自分で自らをより一層疑うようになりました。疑うと言うよりもむしろ、「子ども」の考えの素晴らしさに感心させられたと言ったほうが正しいのかもしれません。

となれば、教育者としてはどういう教育をすれば良いのでしょうか。自問自答を繰り返すうちに、「子ども」自身に責任を持たせ、「自らのことは自らで考え、行動したり、意見できる力をつける」ことを重視すべきだと考えたのです。

当然、これは責任だけ与えておいて、後は「ほったらかし」ということではありません。こういう場合の教育者の役割は、「自らの行動を起こそうとする子どものサポート役に徹するべきだ」と考えたのです。

サポート役というといかにも「『ラク』（楽）そう」で「特に気も使わない」と考えがちですが、いざしっかりとしたサポートをやり始めると、とてもじゃないですが、「気を休める暇もない」というのが実感です。

一般的に、教育者の思いで集団を動かしている間は、教育者が言うように（思うように）「子ども」が動いてくれないこともあるかもしれませんが、それでもなんやかんやで普通は教育者の手のひらで何とかなる範囲で収まります。

ところが、「子ども」の思いが主体となると、教育者はそちらに合わさなければいけません。ここが非常に難しくもあり、やりがいを感じるところなのです。

そして、悩みながらも何とか「子ども」の思いをつかみ、うまくアドバイスができて、「子ども」自身がその結果を出せたとき、それはもう何とも言いようのない充実感に浸ることになります。

ただし、このパターンの場合、「子ども」から感謝される度合いは教育者主導のパターンに比べると少ないかもしれません。しかし、その結果を見れば、そんなことはどうでもいいことだと思います。何より、そういう関係を続けているとおのずと「子ども」との「信頼関係」が生まれます。

「子ども」に主体をおいた教育はそれなりに困難を極めますが、「子ども」を「人」へとより良く育てるためには、今後必要な方法になると思っています。

「子ども」と「教育者」のそれぞれの立ち位置は
横並びか「教育者」が後方からの支援になるのが鉄則

八十三　過剰な反応は誤った判断につながること多し

「子どもを褒めて伸ばしましょう」という言葉はよく聞くことだし、悪いことだとは思いませんが、時としてその行為があまりにも過剰な場面に出くわすことがあります。

そんなときの教育者は「満面の笑みでオーバーアクション」。しかし、「子ども」の表情はというと、何となく「けげんで、つくり笑い」というのはよく見かけるパターンです。「あ～。教育者の心が子どもに伝わっていないなぁ。教育者の明るさが悲しく見えてしまうなぁ」と感じてしまうのです。

よっぽどのときは少し近寄ってその教育者にアドバイスもしますが、そういう教育者に限ってこちらのアドバイスへの反応は非常に薄いことがたびたびです。

教育者というのは、相手があって初めて「教育する」ということに意味を持ちます。相手がどう思っていようが、こちらが褒めているのだから悪いはずがないという「わがまま」や「錯覚」など、とにかく相手に心が伝わっていない段階で「教育」は成り立ちません。ましてや、それに加えて過剰な反応が加わればなおのことです。そんな状態で関われば関わるほど「子ども」の心は離れていき、教育者の教育が少しずつ外れていくことになります。そして、最悪のパターンとしては、自分の教育できないことが「子ども」を含めた他人のせいになってしまうのです。

これで不幸を被るのは「子ども」たちです。こうした教育者は一日も早く自分の過ちに気づき、冷静に自らを反省しなければいけませんが、いったん染みついた教育のやり方というのはなかなか修正できるものではありません。ならば、せめて自分の教育したことに「子ども」がどう反応しているかを冷静に判断できる力を養ってほしいと思います。

基本的に、自分の思い通りに「子ども」が育たない場合は、教育者に問題があると考えたほうが間違いありません。自分の教育には間違いがないと自信を持つのも悪くはないのですが、それが「子ども」の成長につながっていないのであれば、それはもはや空想の世界に他ならないのです。

残念ながら教育の世界は「ファンタジー」ではないので、そういう世界では「子ども」の成長はまず望めません。

「え〜、すごいねぇ。そんなことができるようになったんだ」

「えっ、ちょっと待って。それ本当に自分でやったの？　ホントに？　すっごーい！」

言葉自体には何の問題もありませんが、大切なことは「子ども」がどんな表情や心理状態でそれを聞いているかなのです。

「子ども」の感情と「教育者」の感情をシンクロさせることができたとき、至極の穏やかな「子ども」の表情に出会える

八十四 「善」は強調しすぎると「軽く」なる

「良い行いは良い」。当たり前のことですが、これをあまり強調しすぎると「わざとらしく」、「軽々しく」感じることがあります。

例えば、他人と出会ったときに「挨拶」をすることは「良い」ことです。しかし、ある一定の場所で、出会うたびに何度も同じ「挨拶」を繰り返されるとどうでしょうか。

また、相手を「褒める」ということも「良い」ことではありますが、それが褒められる側が「大したこともしていない」のに強調して「褒められる」とどんな思いになるでしょ

うか。

みな様は、こんな類いの関わり方や教育を繰り返していませんか。

「善」はその相手が努力と心を込めて行うから「善」なのであって、それが「させられて」善に見えたり、「当人はそんなに深みを感じていない」のに善に見えることに対して、そのときの教育者がそれを強調して認めようとしたものなら、「子ども」はおそらく「?」を持ってとらえることになるでしょう。

つまり、「子ども」から「わざとらしく言ってるな」と見透かされる結果になる可能性が高いのです。

教育者が効果的な教育をしようと思えば、対象の「子ども」が的確にとらえられなければなりません。しかし、「とにかく良いところを見つけてちょっとでも良いと判断したなら褒めていこう」というのを私は必ずしも的確ではないと思っています。

なぜなら、前述したように、それが必ずしも「子ども」が良いと思って実行しているかどうかがわからないからです。

的確に捉えるというのは非常に難しいことです。そこで、相手を褒めた効果は、その「子ども」を褒めたときに、その表情が和やかで満足げな笑顔を見せているかどうかで判断をする必要があります。

もし、教育者が間違いないと判断して褒めても、そのときの「子ども」の表情が笑顔ではあるが少しでも曇っているようなときには、効果的な褒め方ではなく、下手をすると「子ども」が「軽々しい」と捉えて「教育者が見透かされている」可能性があります。これは常に頭の片隅に置いておくべきことです。

ただ、誰だって何も言われないよりは褒められたほうがうれしくなって次への意欲につながるものです。ですから、より良き教育者を目指すためにも、その「褒める質」にこだわり「子ども」が心の底から「褒めてもらった」と思える教育ができる教育者を目指してほしいと願っています。

褒めた想いが同じ温度で伝わる褒め方を心得よ！

八十五 安っぽい教育をするな!

「子ども」の教育に「安い」も「高い」もないと思いますが、しかし、いろいろな教育を見ていて「安っぽいなぁ」と感じることはよくあります。

「安っぽい」とは、「子ども」の表面だけをとらえて、教育者の安易な判断の下、手っ取り早く事を片付けようとしているように見える教育のことです。一人の「子ども」を「人」へと導き教育するということはそれだけ貴重で安易に考えてはいけないことだと考えます。

私が思うに、「安易な考え」は「安易な教育」にしかならず、その教育からは「安易な結果」しか生まれないと考えるのが妥当です。だからこそ、「安っぽい教育はするな!」と言いたいのです。

いつも満足いく深い教育はできないかもしれません。

しかし、「深い教育」は日頃から「子ども」と真正面から向き合い、その気持ちをできるだけ深くとらえようとするからできるもので、「安易な教育」のなかからたまたま出てくるものではないのです。

「子ども」を教育するということにおいて簡単に答えが出るものばかりではありません。おそらく簡単に出ないことのほうが多いでしょう。しかし、そのときそのときにしっかりと考え、興味を持って追求することで、必ず「深く考える」力は身につき、少しずつ「深い教育」ができるようになっていくものだと思います。

そのためにも、「安っぽい教育」を繰り返してはいけません。これからの教育者が一つ一つの教育にチャレンジしながら「子ども」を「人」へと育ててもらえることを大いに期待しています。

「子ども」には教育の、「安い」「高い」はわからない！

八十六　素晴らしい教育理念も言葉の羅列に過ぎなくなる

私は自分の教育理念について、かなりシビアに見ているつもりで、そういう見方をしたときに、自分の教育の粗さも数多く目につきます。未だに納得いく教育はできないことのほうが多いのではと思っています。「教育したつもり」「やったつもり」ではなく、まだまだ「本当にそれで良いのか」、「もっと良い関わり方はないか」という自問自答を繰り返しながら今も毎日支援に当たっています。

しかし、教育の世界は教育者一人の考えでいかようにも変化します。時にそれは、単に「言葉の羅列に過ぎないだろう」と思うこともしばしばです。

そして、この教育という仕事に携わる人は結構自分への勘違いをすることが多いのです。何か「良いことを言わなければいけない」とか「世の中の正しいことの先駆者となる必要がある」みたいな、一種強迫観念にとらわれているところがあり、思い込み勘違い発言がよく聞かれるのです。

再度、ここで言及しますが、教育論は「子ども」のためでないと何の意味もありません。「子ども」のためとは、その教育によって「子ども」が確かに「良き人」へと育っていくということです。

「子ども」にその変容のかけらもないのであれば、その教育論は早目に捨て去ったほうが身のためかもしれません。お互い、本当の意味での教育論に磨きをかけて、将来を担う

「より良き人」の育成に大いに励んでいきたいものです。

「わがまま理念」を並べて、「よき教育」をしたと勘違いする教育者にはなるな！

八十七　部活動をどうとらえるか？

今、教育界では、部活動の取り扱いについて、さまざまな問題が浮上しています。実際、教育者のなかには「アンチ部活動」を訴えている人も多くなってきました。そのなかで気になることが、部活動に対して否定的な意見を持っている人は「部活動」そのものを否定しているのか、その「関わり方」を否定しているのか、どちらなのかということです。

私は、今の部活動での「関わり方」がほとんど勤務時間外の労働であるということ、「部活動の指導方法」というものの教育を受ける機会がないにもかかわらず、支援しなければならない、という理不尽さについてはもっともだと考えます。

一方で私は、部活動の教育的効果は何にも代えがたいものがあるとも考えています。

そこで私の結論を言えば、

「部活動は学校から切り離すべき」です。

切り離すことで、学校教育外の活動として独立させること以外に今の状態を解決する方法は無いと感じています。

ただ、そうなったときに当然いくつもの問題が考えられます。私が考える一番大きな問題は、

「誰が指導するのか」です。

これにはもともとの教育者が継続して指導するのが最もスムーズかとは思いますが、継続してでも指導しようという教育者がどれだけいるか。私の今の感覚からすると、それはかなり少ないのではないかと思います。となれば、一般の方々から募集するしかありませんが、果たして需要に応じた人材がどれだけ確保できるのか？　できたところでその指導者がどのような指導を展開するのか？　とても気になるところです。

現在、文部科学省はその内部の省庁において、この「部活動」についてのさまざまな方針を打ち出しているところですが、世間での話題の中心は「学校の教師の指導にかかわる

時間の負担軽減」です。肝心の具体的な指導方針や「子ども」との関わり方について、そのガイドラインに記載はされていますが、それはまったく蚊帳の外です。

したがって、私はこのままこの問題が進んでいったときに、その指導は「教育的指導」を重視するタイプと「職人的指導」を重視するタイプの大きく分けて二分割になると感じています。

あとは、「子ども」本人と保護者がどちらを選ぶのか判断することになるでしょう。しかし、そうなったときに「教育的指導」自体が衰退していくような気がしてなりません。

今後「部活動」の「教育的指導」の存続は厳しくなるのが必至！

八十八　学校の「朝練習」は日本の勤労・勤勉文化の礎である

にわかに、学校での「部活動」やその「朝練習」の是非が世間でも取りざたされるようになってきました。今まで何十年も続けられてきて、これだけ部活動の「朝練習」が注目を浴びるようになったのはおそらく今回が初めてのことだと思います。

何がキッカケでこれが話題性を帯びたのかは定かではありませんが、少なくとも教育者のなかに「朝練習悪」の考えを持つ人たちが以前よりかなり増えた印象を受けるのは私だけではないと思います。

これも私の知る範囲でのことになりますが、「朝練習悪」を唱えている人たちの意見としては、「子どもの体調を崩す原因になる」、「子どもの睡眠不足につながっている」、「そもそもそんなに朝早くからやる意味がない」、「教育者の働き方改革の一環として必要ではない」などなど。

一つ一つの理由はもっともなことで、真正面からそれに反対するつもりはありませんが、しかし、それを押してでも「朝練習」には立派に実施する意味があると私は思っています。

その理由というのが、タイトルにも書いているように部活動の朝練習は「日本の勤労・勤勉文化の礎」だという考え方です。

世界のなかで「日本」のとらえ方というのはさまざまあると思いますが、そのなかでも「勤労・勤勉」という文化は正しく「日本文化」の大切な一つの要素ではないでしょうか。

近年、「終身雇用」という言葉が影を潜めかけている日本の世の中で、もっと自由にオリジナリティある働き方を求める部分もあることは私も認識しています。

しかし、そんな将来のより働きやすい社会においても、根本的に「勤労・勤勉」の精神はなくてはならないものだと思うのです。

与えられた仕事や自ら発想した仕事を黙々とこなす。まさしく「朝練習」で朝起きたときに「今日はしんどいなぁ」という感情と葛藤しながら、それでも寝床から起き上がって練習に参加する。そんなときが「日本人」としてのたくましさにつながるものだと思います。

これからはそんな時代ではないと声高に言われるかもしれませんし、やがては「勤労・勤勉」という言葉がなくなってしまう世の中が来るのかもしれません。

しかし、もしそういう世の中が来たとしても、「勤労・勤勉」的な精神なくしては仕事の成功はないと思っています。どんな自由な時間帯で仕事ができる職場でも、どんな自由な形態で働ける会社でも、それでも時間に縛られたり、自分のリズムでない時間枠で働いたりということは多くの職場でまだまだ起こりうる事実だと思っています。

ですから私は、その根本となる精神を「子ども」時代に経験し、実行できる力を身につけることは「必要悪」ではなく、「必要」だと考えます。部活動の「朝練習」を再考するキッカケにしていただければ幸いです。

「教育」という枠はきれい事や理想論だけで仮定される世界を想定すべきではない

八十九　部活動の落ちこぼれをつくらない

今でも、「全員部活」と称して、半強制的に部活動に参加させているところがあるのかもしれませんが、全国の大半の学校では自分の意志で活動していると考えます。

普通は、自分の意志で活動しているのですから、その活動への取り組む意欲はあるものと思いがちですが、なかなかそうは言えない「子ども」が多いのも実情ではないでしょうか。ところが、そんなあまり前向きに取り組めない「子ども」に対して、「自分でこの部活動を選んだんだろう！　サボるんじゃない！」と叱責する場面がときどき見られます。

この場合、指導者からすると当然のことかも知れないのですが、部活動を教育的に捉えるならば、この指導の仕方は間違いです。一般の、学校外で行われるクラブチームならそれでいいでしょう。しかし、それでも教育活動の一環として捉えられている部活動においては、「落ちこぼれ」をつくってはいけないと考えています。

あるとき、特別支援学級に入級している男子の「子ども」が私の指導する部活動に入部してきました。その子は知的障害を持った「子ども」で、最初は練習するにもみんなについていけず（これは技能だけでなく、何をどうしたらいいのか理解できずについていけないことも含みます）、最初の一週間はバタバタな状態で過ぎていきました。

私は、こういうときも、よっぽど危険なことやその「子ども」に対して周りの「子ども」が仲間としての扱いを著しく欠いたとき以外は関わりません。実は、この時も事前に入部する希望を聞いていたので前もって保護者の方にも、指導方針を説明し、了解を得ていました。

一ヶ月ほど経った頃でしょうか？ 少しずつその「子ども」が部の活動に慣れ、一部自分が率先して活動することも出始めました（これは種目の能力的なことではなく、活動の流れのなかでのことです）。このとき、私は「子ども」から学んだのですが、「子ども」どうしで支援しあうほうが、教師が主導権を握って指導するよりよっぽど能率的で効果的な支援ができると確信したのです。

私が支援する部活動では、一年生はまず、「自分のことは自分でできるようになる」。二年生はそれに加えて、「一年生の指導係が責任を持ってこなせる」。三年生は「部活動全体の事を考えて、どう運営すれば充実した活動になるかを考える」という学年毎の目標を掲げて絶えず支援をしています。

そういう仕組みをつくって、「自分や自分たちの部活動は自分たちで運営するもの」という意識で活動しているのです。これはそもそも部活動の意義は「子ども」の自主的、自発的な活動が目標と指導要領にも示されているからです。

ですから、支援者としては「子ども」にどういう活動が必要で、そのために今何をやらなければいけないのかを絶えず意識させることに徹するようにしています。すると、この支援学級の「子ども」に対しても特別な対応を「子ども」自らで考えていかなければいけません。

当初は、いくら丁寧に言っても理解してもらえず、なかなかみんなと同じ事ができませんでしたが、三年生が指導係の二年生にアドバイスしたり、直接支援する二年生がお互いに意見を出し合って工夫を凝らしたりしていました。

これが、学校外のクラブチームや教室なら「できない子どもは支援してほしいなら自分で這い上がって来い」となるのでしょうが、「教育的指導」は所属する全員が生かされなくては意味がありません。当然ながらここで言う「生かされる」とは、技術的な能力を伸ばすことばかりではないのです。その「子ども」がその集団に所属して、そこでの居場所があり、辛いときや上手くいかないときでもなお、前を向いて取り組めているか、ということです。

この支援学級の「子ども」は残念ながら大きな大会に出ることはできませんでしたが、本人が二年生のときには一年生の指導もし、三年生のときには同級生と一緒になって自分たちの部活動についてどうすればいいか考えることもできるようになりました。そして最終的には、周りの仲間に感謝しながら卒業していきました。

「部活動」は勝負の世界である以上、「結果」は大切です。しかし、「結果」目的の「結果」ではなく、「経過重視」の結果となるよう取り組ませるべきだと思います。「部活動の落ちこぼれ」をつくるのは「教育的指導」にはあってはならないことだと考えます。

「部活動」を教育的に考える以上、「落ちこぼれ」があってはならない

九十　「子ども」が育つ環境をつくる

「子どもを育てる」という言葉は私もよく使う言葉ですが、実はとてもしっくりしない気持ちで使っています。どういうことかというと、本来「人」が「人」を育てるなんてことはたとえ相手が「子ども」でも、できることではないと思っているからです。三十七年あまり「教育者」をしてきてもなお、これが正直な気持ちです。

ならば、教育者として何ができるのかということですが、これはあらゆる方法を使って、「子ども」が育つ環境を整えることです。

部活動指導でいえば、練習ができる場所や時間の確保。より良く練習できる道具の調達。より良い練習技術や大会等の情報提供、などなど。私の場合は指導するなかで直接指示することはほとんどありません。その育っていく環境づくりに徹します。

そもそも、「部活動」は主従関係で成り立つものではないのです。あくまでも「子ども」自身の技術を向上させたい意思があり、どうすればそれが達成できるかを、子ども主体に考えさせながら共に活動していく場だと考えています。ですから、過去に関わった

「子ども」のなかで、近畿大会や全国大会に進んだ「子ども」に専門的な技術指導をした覚えはほとんどありません。ならば、なぜ多くの「子ども」が近畿大会や全国大会に出場することができたのか？　正直、私にはわかりません。あえて言うなら、それだけその「子ども」たちがその大会に「出場したい」という気持ちが強くて、出場するためにどうすればいいかを真剣に考え続けた結果、としか言えません。

私は、「部活動」と呼ばれる活動の支援はこれぐらいでちょうどよいと思っています。ですから支援者のこだわらなければならないところは、その指導法や技術ではなく、「練習しやすい環境」をいかにつくるかだと考えています。逆に言えば、そういう環境があれば、「子ども」はどんどん勝手にその力を伸ばそうと努力します。

これは、その「子ども」のその種目での力が秀でているかいないかは関係ありません。それぞれのレベルのなかで自分に応じた努力をうまくやっています。やっていますというか、そうなるようにこちらがちょっとした工夫と働きかけを行えば良いのです。それは、日頃学校で行っている教科指導や生徒指導と同じことです。だから、ある意味「教育者」にとって何の教育も受けていない部活動指導が「教育の一環」という言葉でくくられているのだと思います（だから今の部活動指導のあり方が良いとは考えていません）。

「環境が人をつくる」という言葉は、教育の世界だけではなく一般社会のなかでもよく使われることですが、とても大切で「教育者」としては自らの教育のなかでわきまえるべき考え方だと言えます。

これからの教育者は「教育環境づくり名人」にならなければならない

九十一　部活動がどう「人」を幸せにするか

私は、中学校の教師として三十七年あまりのほとんどを「陸上競技部」という部活動指導に携わらせていただきました。一つの部活動をこれだけ続けて支援させていただいたのは、私にとっては大変幸せなことだったと思っています。そんななかで「陸上競技」という「スポーツ（系部活動）」を通して、「子ども」は何か幸せに感じることがあるのだろうか？と、ふと考えるときがあります。おそらく「子ども」たちは日々の活動のなかで、「幸せ」を感じながら部活動に取り組んでいることは少ないと思います。

ただ、「子ども」が何を持って「幸せ」と感じ、それが「子ども」の将来にどう影響するのかは教育者として心得ておくべき事だと考えます。

私は、「スポーツ（系部活動）」というものは自分の身体を使ってのパフォーマンスで、その結果を追い求めてどう取り組むかが一つの特徴だと考えます。「子ども」のなかには、「勉強は少し苦手でも運動は得意」という子もいて、そういう「子ども」にとっては自分の力を発揮する絶好の機会となるかもしれません。

しかし、ならば運動の苦手な「子ども」にはスポーツ（系の部活動）に従事する意味はないのでしょうか？

私はここが部活動を教育的に考えるか否かの分かれ道だと考えています。スポーツの苦手な「子ども」にとってはむしろ、苦手なものに対する自分なりの取り組み方を学ぶ、大切な機会です。確かにスポーツが得意な「子ども」に比べれば、その技術や要領の定着度は低く、時間のかかることかもしれません。なかなか思うような結果が出ず、諦めやすくなるかもしれません。しかし、そこでその教育者がその状況を教育的に捉えられるか否かが勝負です。

「人」が「幸せ」を感じる場面は、それこそ「人」それぞれかもしれません。「自分の成長を肌で感じることができた」、「我慢して努力したことが結果につながった」、「自分の頑張ったことが、チームや周りの人たちの役に立った」、「失敗をしても、そこから学ぼうとする気持ちがあれば、前を向くことができる」などなど。これはスポーツに限ったことではないかもしれません。いわゆる「自分で自分を褒めたくなる瞬間」が幸せを感じる一つの場面だと考えます。

ならば、スポーツ（系の部活動）の世界において大切なことは、結果はもちろんですが、そこにいたる経過です。それが得意、不得意はほとんど関係しません。「教育者」はここを決して誤ってはいけないのです。

「スポーツ（系の部活動）」で大切なことは、さまざまなスポーツを通して、自らの幸せにつながる取り組み、成果を出す行動がとれたかです。これができたときに、初めてその体験が将来に生き、将来において、その体験が新たな「幸せ」を生むのです。

そして、その体験が自らの判断や考え、試行錯誤を重ねたものであればあるほどより確かなものとして将来その力を発揮するはずです。残念ながら、周りに指示されたり、答えを与えられそれを実行しただけで結果が出たとしても、それが将来につながる力となるかは、疑問符が残ります。

本当の意味で、将来の「子ども」の「幸せ」を願い、共に悩み苦しみながら歩んでいける「部活動教育者」を目指してください。

本当の教育者は、「子ども」の将来の姿で自らを評価すべき！

九十二　「子ども」が「人」らしく生きる

私は自分が教育しているなかで、「子ども」が「人」らしく生きている場所はどこかと問われれば、「部活動」での場面と答えます。中学校の教育者としてこれは間違っているかもしれませんが、ある意味「部活動」の環境は社会のなかで生活する環境に一番似ています。

まずは、異年齢集団だということ、学校の生活のなかで一つのことに関わっている時間が一番長い活動だということ、「自分」というものを追い込む機会が数知れないこと、等々の理由でそう思うのです。

だからこそ、そこでは「子ども」が「人」へと成長できないと意味がありません。あらためて、「人」とはどういう生きものなのでしょうか？　これを説明するにはさまざまなとらえ方があると思いますが、少なくとも「人」は「崇高」で「生き物」のなかではその存在が間違いなくトップに君臨するものであると確信しています。

しかし今、その素晴らしさがさまざまな環境のなかで出にくい状況があるのではないでしょうか？　それは、「便利すぎる世の中」のせいであったり、「日本という国が豊かで平和過ぎる」ことであったり、「そんなに頑張らなくても普通にさえ生活していれば、特に不自由なく生活できる」からかもしれません。

私はそういう環境に甘えていては、「人」としての本来の崇高さは研ぎ澄まされていかないと考えています。先述した「便利な世の中」、「豊かで平和な日本」、「不自由なき生活」は過去の「人」たちの、血のにじむような努力と工夫ででき上がってきたものです。今を生きる「人」たちが特に何の努力や工夫もせずして、そんな生活に甘えていて本当に良いものでしょうか？

「人」には生き物のなかで唯一「理性」というものが備わっています。それは今の自分を考えるだけでなく、将来の自分（種の保存）を考えていく本能です。残念ながら、今の教室授業のなかでは、こうしたことまで考え取り組む時間は年々減っています。これは授業時数の確保や学力の数字ばかりが優先されて取り上げられるからです。こうした環境で「人」らしく生きていくことは、至難の業です。

ですから、今ある「子ども」の環境のなかで「人」らしく生きるために活動できる場面は「部活動」での比重が非常に大きいと考えます。現役の学校教育者としては間違っているかもしれませんが、これが今の素直な思いです。

今、学習指導要領の改訂により、学校教育のとらえ方もその舵を大きく変更することになります。これにより、今の学校教育が本当の意味で「人」らしく生きる土壌であり、「子ども」が「人」らしく育ってくれると期待します。

ただ、「部活動」というものが今後、その姿を大きく変えていく流れがあり、「教育」的な意味合いよりも「勝利至上主義」的な色が濃くなっていく心配があります。「部活動」の教育的効果は絶大なものがあります。これは日本の大切な文化の一つとさえ思っています。

どうか、学校教育の充実と部活動のより教育的な発展をもって、これからの日本の「子ども」がより「人」らしく育ってくれることを祈っています。

「子ども」は勝手に「人」らしくは生きていかない、
そこには「『人』を育てる人」と「『人』が育つ土壌」が必要だ！

第四章　教育者の働き方

九十三　「子ども」と接してのみ「教育力」は高まる

当たり前のことを言うようですが、「子ども」の教育者は「子ども」と接してのみ、その「教育力」が高まると思っています。つまり、「事件は現場で起きている」ということです。

しかし、教育者のなかには「子ども」と接しようともせず、「子ども」への教育のノウハウだけをぺらぺらしゃべっている人をときどき見かけます。

私は「子ども」の教育者は「子ども」との接する時間を長くもってナンボだと思いながらこの仕事に取り組んできました。だから、「普段見ていなくても私の一言でいつでも教育できます」というような教育者は信用できません。それと、いくら長く「子ども」と接していても、「教育の押しつけ」になっているような教育者も信用はできません。

「子ども」と接しながら一緒に悩み、苦しみ、不安と戦いながら何とかしようともがき苦しむ教育者こそが「子ども」を「教育」することができると信じています。

ただ、「接する」という態度にはひと工夫がいります。どういうことかというと、「近すぎず遠すぎず」ということです。頃合いの距離とタイミングが教育の良し悪しを決定します。

これは、私だけの勝手な思いかもしれませんが、最近この「子どもとの距離感」がつかめていない教育者が多くなってきたのではないかと危惧しています。それは「子ども」と接する時間の減少に比例しているのかもしれません。

今は、さまざまな理由で「子ども」と接したくても接することができない要因が増えてきています。しかし、「教育」の根本に変わりはないと信じていますので、それぞれの教育者が「子ども」との接する時間を上手く見いだし、適切な「距離感」で「子ども」を教育できるよう、ぜひ頑張ってください。心から応援しています。

「教育」は教育者の「頭のなか」で完成するものでなく、
対「子ども」のなかで完結させるものである

九十四　「人を育てる研究会」の研究員

「子ども」を教育する教育者の本分は何なのでしょうか？

こんな当たり前の事を考え悩むときがあります。「隣の芝は青く見える」というのはよく言う諺ですが、自分なりに精一杯教育していても、ふとそんなことを感じるときがあるのです。

あの人の教育の仕方のほうが「子ども」には良いのだろうか？

何か自分のなかでは腑に落ちない部分があるのですが、「青く見えてしまう」のです。

そんなとき、「『子ども』を育てるというのはどういうことなんだろう？」と深く考え込んでしまいます。ちょうど、研究者がある研究の答えを出すのに何度も失敗し、投げ出しそうになりながらも諦めずに地道な努力を繰り返していくような、そんな光景に似ているかもしれません。

よくよく考えてみれば、「子ども」を「人」に育てるなんてことはとてつもなく大それた事で、生半可な気持ちで取り組むものではない。もし、そんな気持ちで取り組んだとしたなら、研究者が軽い気持ちで実行した実験で大きな事故を起こすようなものです。

しかし、世の中に「子ども」を「人」に育てる環境はなくてはなりません。過去の世界において、「人」がまだ「学ぶ」ということに大きな意味を持たなかった時代に、「人」が集まり、より良い生活を求めようとしたとき、お互いの知恵を出し合い交換して、その生活を築いてきたはずです。

そんななかでリーダー的な存在が生まれ、みんなの前に立って他の人を導くことで世界は繁栄してきたのだと想像します。

つまりは、本来「人」というのは「より良く生きたい」という欲求が備わり、「より良く導いてもらいたい」という自己啓発力が身体のなかに備わっているのではないでしょうか。とすれば、確かに「人」を育てるというのは生半可な気持ちで取り組むものではないでしょうし、とてつもなく尊い行いと言えるのかもしれません。

「人を育てる研究」という言い方は、その本分からすると似つかわしくない言い方になるのかもしれませんが、失敗を繰り返しながらもその未知なる世界の答えを地道に取り組みながら追い求めていくという点では共通したものがあるように思います。

「人づくり研究者」のみな様、今後のさらなる発展を心から応援し、そこに私も少なからず関わることができれば幸いかと思っています。

教育に携わる「尊さ」。あなたはどれだけ感じ取れていますか?

九十五　「教育の特効薬」はない

医療の世界では、大概の病気にはその病気に応じて「薬」というものが開発されていますが、「教育」の世界においては、その「子ども」に応じた教育方法というものがなかなか確立されていない状況です。

そもそも、「人の心や身体」というものは一様に、同じ状態だから同じ対応で同じように育つという単純なものではありません。したがって、その対応というものは、天文学的な数にのぼります。

「子ども」の教育者は、その天文学的な教育方法のなかから、その場に応じてより適切だと思われる方法を見いだし、対応します。そして、その対応による子どもの反応を観察し、さらにより適切な方法はないものかを模索しながら、その教育を継続していきます。

私はときどき、こうした状態を医療の世界に当てはめて考えることがあります。つまり、教育の世界にも「特効薬」がないかなぁと思うのです。しかし、そんなものには今までお目にかかったことはありません。当然、そんなものはこの世界には存在しないのだと思います。

ですから、「特効薬」を追求するよりも、「より良い薬づくり」に励んだほうが、よっぽどやりがいのあることだと考えています。

私も振り返ってみれば、この「薬づくり」にずいぶん励んできたのかもしれません。ところが、今から過去の薬を思い出して教えてほしいと言われても、ほとんど具体的なことは覚えていないのです。

その都度、その都度、その場の状況に応じて無我夢中で対応してきているので、そのときどきが精一杯なのです。しかも、その後、まったく同じものを使うことはほぼないので、記憶のなかにはほとんど残りません。したがって、思い出しようがないというのが正直なところです。

いずれにせよ、「教育する」というのは毎日毎日、その瞬間その瞬間が「新薬の開発」

ラッシュなのです。「子ども」を教育する教育者は、そのより良い「薬」を絶えず開発していくことにやりがいと、生きがいを感じて教育を続けてほしいと思います。

「教育」は「子ども」を「人」へと導く崇高な医療行為です

九十六　自ら育とうとする環境を整える

教育者の仕事はいろいろな表現の仕方ができると思いますが、そのなかでも大切な一つの手立てとして「『子ども』が自ら育とうとする環境を整える」ということがあるでしょう。

大人はついつい「子ども」自身が育とうとしている大地にどかどかと立ち入り、「あなたのため」と言わんばかりに勝手に土地を耕し、肥料をやって「ハイ、ここで育つのよ」とやってしまいます。

そんなところで育った子どもは、「土地の耕し方も肥料のやり方もわからない」まま育っていってしまうのです。

したがって、いざ自分でやらなければならないときに、その責任を他人に押しつけ、周りに不満をぶちまけるか、まったく諦めてしまっていつまでも誰かがやってくれるのを待つか、ということになります。

あなたもそんな「子ども」が育つ関わり方をしていないでしょうか。

「子ども」はやがて、「人」として社会という大きな世界で生きていかなければいけません。そこで生きていくには、誰の助けも借りず自らの判断で自らの生き方を決めていかなければいけないのです。

そのときまでに、あなたは果たして責任を持って関われるのでしょうか。もし関われないことがわかっていて、「子ども」の大地を耕し、肥料をやっていたとしたら、それは「無責任」というものです。

ある教育者が「子ども」の大地を耕し、肥料をやり続けたとき、その人物に「子ども」が「愛情」や「信頼」を感じるとすれば、それは大きな勘違いです。教育者はそんな心情を「子ども」に感じさせてはいけません。本来の「愛情」や「信頼」はもっと深みのある、表から見ただけではわからないものです。

ぜひ「子ども」が自らの大地を自らで耕し、自らその肥料を開発して、しっかりとたくましく生き生きとして育っていく姿に出会えるよう環境を整え、しっかりとそれをサポートできる教育者であってほしいと思います。

教育者は「子ども」の世界で「立ち入り禁止」区域があることをわきまえるべきである

九十七　教育者の向上心なくして「子ども」の向上心は育まれない

「子ども」が「人」になるためには、向上心というものがなくてはならないと思いますが、この向上心は勝手に育つものではありません。

「子ども」に向上心を持たせるには、まず教育者がその範を、身をもって示すのが最も手っ取り早いのです。

教育者が自分の教育に対する姿勢としていかに向上心を示せるか、何を持って「向上心」として示すのか、これは結構大切な部分です。

そもそも、向上心というのは気持ちが前向きにならないと生まれません。それに加えて、さまざまな課題を克服しようとする実行力が必要となります。

まずは、教育者がそういう心構えを持って教育できるか。ここが向上心を示せるかどうかの分かれ目です。

うまくいかないことを「子ども」のせいにしたり、頭ごなしに怒鳴り散らしたところで、「子ども」はそれを向上心とは捉えません。先走って次々と「子ども」の問題を手段も選ばず解決したとしても「感心」はされるかもしれませんが、それを「子ども」自身が自分も「やってみよう」という向上心につながることはありません。

事を進めるペースは「子ども」一人一人違っていますし、その切り込み方もまちまちです。それを教育者のペースで、教育者の切り込み方で、問題を解決したとしても、「子ども」にはまったく通じないのです。

だからこそ、まずは「子ども」自身に解決できるように環境を整え、見守り、その後うまくいかず何らかの障害に出会ったとしても、それをさらに見守りながら子どもが「向上心」を持って取り組めるように励まし、アドバイスをする。

「子ども」がそれを素直に受け入れるか受け入れないかは、それまでに教育者としての

「向上心」が伝わっているか否かにかかっています。

「子ども」を「人」に育てるためにも、教育者が子どもに伝わる向上心を持って取り組んでほしいものだと思います。

「向上心」は後ろ姿で育てるもの

九十八　平和ボケをしない

それぞれが勤めている勤務先で「子ども」に大きな問題がない毎日を過ごしていると、「平和ボケ」をする人が現れ始めます。

「子ども」が穏やかで素直なのは私（たち）のきめ細かい教育があるからだ。「子ども」がハキハキと元気なのは私（たち）の厳しい教育があるからだ。

もし、こんなことが職場でささやかれたり、堂々と公言する人が出てきたとすれば、そこはもはや「平和ボケ」の極地です。

私は元来、教育者が直接「子ども」を「良くする」ことはできないと思っています。これは決して「教育の放棄」ではなく、本来「子ども」を「人」へ成長させる「教育」は教育者が直接「子ども」と関わってできるものではないと考えているのです。

「教育した」ではなく「育ってくれた」だし、「成長してくれた」。聞きようによっては、「そこまでへりくだらなくても」と思うかもしれませんが、へりくだっているのではなく、それが「教育」の純粋な結果の表現なのです。

もし、この表現が「意味がわからない」という人は、もしかすると「平和ボケ」をするタイプかもしれません。

私は「教育」は尊いことだと常々感じています。ある意味、教育力が弱い人にはその本質を体験することは難しいとまで感じてしまうほどです。

当然、「平和ボケ」をする人には理解不能かもしれません。しかし、これからの「子ども」を「人」へと成長させる手立てはその本質を追求できないと達成し得ないのです。もし、このことに共感してもらえる人があればぜひ一度、意見交換してみたいですね。

「教育の尊さ」は「教育の本質」を追究して初めて体験できるものである

九十九　馴れ合いの集団は同じ失敗を繰り返す

どんな職業でもそうだと思いますが、お互いがプロ意識の高い集団は、その技術や生産性が高まっていきます。しかし、馴れ合いの集団は同じ失敗を繰り返すことが多くなります。「子ども」を教育する上でのプロとしての質を問われると、何を対象とするかはさまざまですが、ある程度その集団のなかで、その質についての共通の認識があったほうが教育のレベルを高めやすいと思います。

ならば、「子ども」を教育する上での「プロとしての質」とは何か？　そんなことを考えて教育する教育者がどれだけいるでしょうか？

「教育者の言うことを素直に聞く子どもを育てればいい」
「礼儀や挨拶がきちんとできる子を育てることが質を高めることになる」
「何事にも負けないで挑戦する子を育てることが大切だ」

教育者のなかにいろいろな価値観が存在します。だから、「それらを達成した『子ども』を育てることができれば、その教育の質を高めたことになる」と誰もが思うはずです。

しかし、本当にそれで良いのでしょうか？

私は、その質というものはその時代の「子ども」の状況、保護者の考え方、世間の風潮、時には国自体の動きなどなどによって大きく変わるものだと考えています。

現に、私自身が過去を振り返ってみたときに、ここ十年を見ただけでもその質は大きく変化してきました。

つまり、「時代とともにその教育は大きく変えていかなければいけない」という感覚が教育者になくなったとき、その集団は「馴れ合いの集団」へと変化していくのです。

もちろん、そんななかで永久的に変化しないものもあるでしょう。しかし、「変化するものではない」という感覚が大半を占めて、「子ども」の周りの変化に気づかなかったとき、それは教育の大きな失敗につながることがあるのです。

これは、変化に気づいていてもそれに対して何も対策をしない、あるいは教育者自身が変化させようとしない場合も同じことです。

教育者が自分自身を変化させるということは、かなりの勇気とエネルギーが必要です。人によってはそこに注ぐエネルギーがない場合もあるかもしれません。

しかし、教育する相手は生身の人間です。さまざまな影響を日々受けながら変化し、生きています。そんなある意味デリケートなものを相手にしておいて、教育する側が変化なく凝り固まっているようでは、当然その教育の相手になるはずがありません。

さまざまな集団のなかで、絶えず「子ども」の変化を感じ、「馴れ合い」や「決めつけ」的な判断で教育することがないよう、お互い切磋琢磨して本当のプロとしての質が高められ、精進できる集団であってほしいと願います。


「馴れ合い」とは自分に対する「甘え」と心得よ！

一〇〇　面倒臭さの肯定論

誰でも面倒臭いことは嫌なものです。あえてそういう世界を好む人もいるかもしれませんが、基本はできれば面倒なことには関わりたくないと誰もが思うはずです。

ところが、「子どもの教育者」という仕事に携わっていると、面倒なことが教育者にも「子ども」にも大変貴重な経験となることがあるのです。

そもそも、「子どもの教育者」の仕事はそんなにスマートなものではなく、少しずつ少しずつ自分の教育理念に沿って前に進みながらわずかな結果を見いだすものです。「人」はそんな簡単に育っていくものではありません。しかも、同じパターンで対応したからといって同じ答えが出るものでもないのです。つまり、この職業は「面倒臭い仕事」の最たるものと言っても過言ではありません。

だから、面倒臭いことが自分のなかで肯定されないと、ただでさえわずかな結果しか得られないのに、そのうち、前を向いて取り組めなくなってくることになります。

面倒臭いことをどう肯定するか。これは人ぞれぞれの感覚だと思いますが、私は絶えず、「その困難を乗り越えたときの子どもの笑顔」と「自分自身のなかで沸き立つであろう充実感」を想像しながら取り組んでいます。

毎回、必ず味わえるとは限りませんが、時としてこちらが思わないような素晴らしい結果や成長の姿を見せてくれることもあり、こんなときは教育者冥利に尽きる一場面です。

だから、私はあえて面倒臭いことを解消しようとは思いません。能率的な処理ができるものには無駄な時間をかける必要はないですが、こと「子ども」の教育のことについては、「面倒臭い」というより、「じっくりどう向き合うか」と考えることのほうがかえって効果的な教育ができるように思います。

　みな様もぜひ、「面倒臭い」ことに視点を変えて取り組んでみてください。


「教育」は自分にとって「面倒臭い」ことを自らの「心の成長」に変化させていく

一〇一　勝負の直前にバタバタするのは一夜漬けに同じ

　何の世界でもそうかと思うのですが、普段生活をしていて何かと勝負をしなければならないときというのは、何度となくあることだと思います。

　そんなとき、直前になって「あれもして、これもして、これもつけくわえよう」とバタバタする人をときどき見かけます。

　残念ながら、こういうパターンで行動しがちな人で教育効果を見いだしている人はあまり見かけたことがありません。

　私が従事してきた教育の世界では、相手は「子ども」です。「心ある生物」です。その行動や考え方は、日々成功と失敗を繰り返しながらめまぐるしく変化しています。

その子ども相手に教育する場合、一つ一つバタバタしていたのではとても子どもに寄り添う教育ができるとは思えません。

この仕事をしていると、「ゆとり」という言葉からはかけ離れた世界で日々過ごさざるを得ないのですが、それでも「子ども」に対しては一瞬一瞬の姿から先を見通した対応ができないといけません。

どうしたら、そんなことができるのか？　と疑問を持つ人もいるかもしれません。しかし、それを自分なりに努力、工夫しクリアしていくのが「教育のプロ」としての使命だと思います。

私自身、今になって過去を振り返ったとき、とにかく「なり振り構わず必死だったなぁ」と思うことが数多くよみがえってきます。成功したことのほうが圧倒的に少ないですが、年齢が増すとともにその成功していく確率は多少上がってきているかもしれません。

しかし最近思うことは、一つの失敗と一つの成功の重みが同じではないということです。その内容によっても多少違いはありますが、平均しても遙かに成功体験のほうがかなりの重みを感じます。それが、今までこの仕事を続けてこられた要因かもしれません。

相変わらず、教育職はますます複雑になり深刻化し、日々適切な対応が求められていると感じています。だから、「直前になってバタバタするのはやめましょう」。もし、それが習慣になってしまっている人は、何らかの対策を打ちましょう。子どもを想う心があれば必ず解決策が見つかるはずです。ぜひ頑張ってください。

教育者は「バタバタした心」で教育をしてしまう罪悪感を真剣に考えるべきである

おわりに

今、私は、私自身が普段何気なく考えていたり、感じていたことが、このような形で世に放たれることで期待と不安が入り乱れています。

私のこんな思いや感覚、言葉・態度に多少なりとも共感していただける方はいるんだろうか？

これまでに、いろいろな場所で話をしたり、指導するなかで、それに共感を得たり、感化して実践していただいたりしたことはありました。そんなとき、私が今まで苦労してきたことが、少しは現場や他人の心のなかに宿り、育ってくれているという実感があったことも事実です。

しかし、それはあくまでも私のごくわずかな身の周りの範囲でのことで、今回はその世界が大きく広がり、その世界でどのような評価を得るのか。

考えてみれば、これは三十七年あまり、自分なりに教育者として取り組んできたことに対する退職試験なのかもしれません。

しかし私は今、何度も推敲した文章を読み返しながら、自分なりに満足いくものができあがったのかなぁと自画自賛もしています。

この上は、少しでもこの本が多くの方の目に留まり、読んでいただいて、一人でも多くの「子ども」が「人」へと成長できるきっかけとなったなら、これ以上の幸せはありません。

最後まで、読んでいただいた方々にはどうか今後の「子ども」の教育をよろしくお願いします。

また、どこかで生き生きとした「子ども」の姿に出会い、将来の世の中に安心して期待が持てるようになることを切に願い、おわりの言葉とさせていただきます。

御意見、御感想などがありましたら、Facebook・Twitter・Instagram「東浦一裕」までお願いいたします。

著者紹介

東浦 一裕（ひがしうら かずひろ）

◎１９７２（昭和四十七）年度篠山町立岡野小学校卒業

◎１９７５（昭和五十）年度篠山町立篠山中学校卒業　バスケットボール部 駅伝部

中３年次 兵庫県陸上競技選手権大会 ３０００ｍ ９分24秒０ 第３位

中３年次 兵庫県中学駅伝大会（１区）総合優勝

◎１９７８（昭和五十三）年度兵庫県立篠山鳳鳴高校卒業　陸上競技部

高２年次 新人戦 ８００ｍ 近畿大会出場

高２年次 県駅伝（６区）総合第５位

高３年次 県駅伝（４区）総合第５位

◎１９８２（昭和五十七）年度 日本体育大学 体育学部 社会体育学科 卒業

大学１、２年次 陸上競技部 中距離ブロック

◎１９８３（昭和五十八）年度～現在 兵庫県中学校教師（三十八年目）

①１９８３（昭和五十八）年度 赤穂郡上郡中（４年）→②１９８７（昭和六十二）年

度 篠山町立篠山中（9年）→③1996（平成八）年度 篠山町立城東中（2年）→
④1998（平成十）年度 篠山町立篠山東中（6年）→⑤2004（平成十六）年度
篠山市立篠山中（8年）→⑥2012（平成二十四）年度 篠山市立西紀中（1年）→
⑦2013（平成二十五）年度（丹波）篠山市立篠山東中（8年目）

○主な指導歴（陸上競技部）
・全国陸上競技大会（ジュニアオリンピック含む）出場 延べ二十八人 内十三人が8位以内入賞
・1985年度 近畿総体陸上競技 男子総合　第3位
・1990年度 近畿駅伝出場
・2002年度 男子砲丸投 全国優勝
・2002年度 兵庫県総体陸上競技 男子総合優勝
・2002年度 近畿総体陸上競技 男子総合　第2位

○主な表彰歴（陸上競技部）
・2010年8月 近畿春日章（近畿中学陸上競技優秀指導者章）受章
・2013年10月　日本陸上競技連盟　中学優秀指導者章

○指導歴（陸上競技部）近畿・全国大会関係　※**太字**は8位以内入賞者

○１９８３（昭和五十八）年度〜１９８６（昭和六十一）年度　４年間

赤穂郡上郡町立上郡中学校勤務（陸上競技部顧問）

・全国総合体育大会陸上競技大会

①男子１年１５００ｍ　決勝　第２位

②男子１年１００ｍ　決勝　第２位

③男子２年１５００ｍ　予選敗退

④男子共通３０００ｍ　予選敗退

・ジュニアオリンピック

⑤男子Ｂクラス３０００ｍ　決勝進出

・近畿中学校総合体育大会　男子総合の部　第３位

○１９８７（昭和六十二）年度〜１９９５（平成七）年度　９年間

篠山町立篠山中学校勤務（陸上競技部顧問）

・全国総合体育大会陸上競技大会

⑥男子共通３０００ｍ　決勝　第10位

⑦女子共通１００ｍＨ　予選敗退
⑧男子共通３０００ｍ　決勝　第３位
⑨男子共通４００ｍ　予選敗退
⑩女子共通１００ｍＨ　準決勝進出
⑪女子共通三種競技Ｂ　決勝　第７位
・兵庫県中学校駅伝競走大会　男子の部　第４位　第６位
・近畿中学校駅伝競走大会　男子の部　第５位
・ジュニアオリンピック
⑫女子Ｂクラス１００ｍＨ　決勝　第３位
◯１９９６（平成八）年度～１９９７（平成九）年度　２年間
篠山町立城東中学校勤務（陸上競技部顧問）
・特になし
◯１９９８（平成十）年度～２００３（平成十五）年度　６年間
篠山市立篠山東中学校勤務（陸上競技部顧問）
・全国総合体育大会陸上競技大会

⑬**女子走幅跳　決勝　第８位**

⑭**男子砲丸投　優勝**

⑮**男子走幅跳　決勝　第７位**

⑯**女子三種競技Ａ　決勝　第８位**

⑰男子８００ｍ　準決勝進出

⑱男子４００ｍ　棄権

・ジュニアオリンピック

⑲**男子Ｂクラス砲丸投　決勝　第３位**

・兵庫県総合体育大会陸上競技大会　男子総合の部　優勝

・近畿総合体育大会陸上競技大会　男子総合の部　準優勝

◯２００４（平成十六）年度～２０１１（平成二十三）年度　８年間

篠山市立篠山中学校勤務（陸上競技部顧問）

・全国総合体育大会陸上競技大会

⑳女子走幅跳　予選敗退

㉑**女子走幅跳　決勝　第５位**

㉒女子走幅跳　予選敗退

㉓女子１００ｍＨ　予選敗退

㉔男子走幅跳　予選敗退

㉕男子１００ｍ　予選敗退

・ジュニアオリンピック

㉖**女子Ｂクラス走幅跳　決勝　第７位**

◯２０１２（平成二十四）年度　１年間

篠山市立西紀中学校勤務（ソフトボール部副顧問）

◯２０１３（平成二十五）年度～２０２０（令和二）年度　８年目

（丹波）篠山市立篠山東中学校勤務（陸上競技部顧問）

・全国総合体育大会陸上競技大会

㉗男子１１０ｍＨ　予選敗退

・日本室内陸上競技大阪大会

㉘**男子６０ｍＨ　決勝　第６位**

幻冬舎ルネッサンス新書　230

「子《こ》ども」が「人《ひと》」に育《そだ》つには

2021年6月2日　第1刷発行

著　者　　東浦一裕
発行人　　久保田貴幸

発行元　　株式会社 幻冬舎メディアコンサルティング
〒151-0051　東京都渋谷区千駄ヶ谷4-9-7
電話　03-5411-6440（編集）

発売元　　株式会社 幻冬舎
〒151-0051　東京都渋谷区千駄ヶ谷4-9-7
電話　03-5411-6222（営業）

ブックデザイン　田島照久
印刷・製本　　中央精版印刷株式会社

検印廃止

Printed in Japan
ISBN 978-4-344-93451-1 C0295
幻冬舎メディアコンサルティングHP
http://www.gentosha-mc.com/